画给孩子的老北京趣闻与传说

·胡同市井·

张卉妍 / 编著

北京燕山出版社
BEIJING YANSHAN PRESS

图书在版编目（CIP）数据

胡同市井 / 张卉妍编著. -- 北京：北京燕山出版社，2023.2
（画给孩子的老北京趣闻与传说）
ISBN 978-7-5402-6679-0

Ⅰ.①胡… Ⅱ.①张… Ⅲ.①社会生活-北京-儿童读物 Ⅳ.①D669.3-49

中国版本图书馆 CIP 数据核字（2022）第 186675 号

画给孩子的老北京趣闻与传说·胡同市井

编　　著　　张卉妍
责任编辑　　王长民
助理编辑　　赵满仓
封面设计　　韩　立
插图绘制　　傅　晓
出版发行　　北京燕山出版社有限公司
社　　址　　北京市西城区椿树街道琉璃厂西街 20 号
邮　　编　　100052
电话传真　　86-10-65240430（总编室）
印　　刷　　河北松源印刷有限公司
开　　本　　880mm×1230mm　1/32
字　　数　　180 千字
总 印 张　　16
版　　次　　2023 年 2 月第 1 版
印　　次　　2023 年 2 月第 1 次印刷
定　　价　　148.00 元（全 4 册）

发 行 部　　010-58815874
传　　真　　010-58815857

如果发现印装质量问题，影响阅读，请与印刷厂联系调换。

前言

北京是一座有着三千多年历史的文化古城,是六大古都之一。在浩瀚的历史长河中,北京这座城里发生了太多的趣闻,流传着太多的传说。城门牌楼、王府民居、胡同坊巷、塔庙寺院……北京的每寸土地、每个角落几乎都承载着很多关于衣食住行、拼搏奋斗、喜怒哀乐、亲情友情的传奇故事。

北京是一座有故事的城,是一本让人品不够的书,是一座承载传奇的文化宝库——燕、前燕、大燕、辽、金、元、明、清八个朝代的相继定都成就了她历史的厚重;什刹海、大栅栏、王府井、八王坟等地的繁华热闹成就了她的宜居宜玩；颐和园的传说、雍和宫的趣闻、八大处的善缘成就了她的多姿多彩……北京，有太灿烂的文明、太辉煌的历史、太复杂的往事、太丰富的内涵，等着人去发现、欣赏、回味。

在这套书里，我们从老北京的历史典故、地名由来、名胜古迹、皇城内史、风味饮食、民间风俗、商业传奇等方面对老北京的前尘往事进行了详细而有趣的介绍，寓教于乐，力争用朴实、轻松的语言将各种趣闻传说娓娓道来，让孩子们在一种轻松的阅读氛围中，既能对老北京的风土人情有个清晰了解，又能愉悦身心。

我们不得不承认，如今，老北京的很多东西都已经随着岁月的更迭，消逝或者正在消逝，这是无法更改的事实，也是时代的必然：许多胡同正随着高楼大厦的耸立而成片成片地倒下，许多昔日走街串巷吆喝叫卖的"磨剪子嘞，戗菜刀"正悄然没了声响，许多老北京人独特的方言俚语正被新潮的网络语言所代替，许多朴实温暖的婚丧嫁娶习俗正在默默地被简化——这一切满含京味的事物的逐渐消亡，我们在扼腕叹息的同时，也希望能够通过本套书来回味一下曾经的北京。

目录

胡同市井

你知道北京"胡同"名称由来吗 /03

北京胡同中的"最" /05

你了解北京东四的十四"条"吗 /10

老北京文化味儿最浓的是哪条胡同 /15

金鱼胡同：显赫一时的"那家花园" /19

雨儿胡同曾经住过哪些名人 /23

青云胡同：梅兰芳的"城南旧事" /27

丰富胡同：老舍先生的"丹柿小院" /31

国子监街：一条精彩的文化街 /36

门框胡同：有名的风味小吃一条街 /40

菊儿胡同：震动国际建筑界的文化路标 /43

烟袋斜街：自发形成的古玩交易市场 /46

老北京胡同里都有哪些摆设 /50

"京城第一大会馆"在哪里 /54

湖广会馆的"前世今生" /57

文学巨匠鲁迅先生曾在哪家会馆住过 /61

什刹海沿岸名人故居知多少 /65

老北京民居的典型代表——四合院 /71

"大门不出,二门不迈"的"二门"指的是

　　四合院的哪道门 /77

"中华第一吃"全聚德知多少 /81

稻香村的名称由来 /85

王致和臭豆腐的由来 /88

天福号酱肘子的传奇故事 /90

老字号鹤年堂的故事 /93

你了解同仁堂的发展历史吗 /97

张一元茶庄是如何发展起来的 /100

北京内联升鞋业有哪些经营之道 /104

你了解京城老字号荣宝斋吗 /108

清末京城帽业之首是哪一家 /112

瑞蚨祥绸布店为何能够提供新中国的第一面

国旗的面料 /116

胡同市井

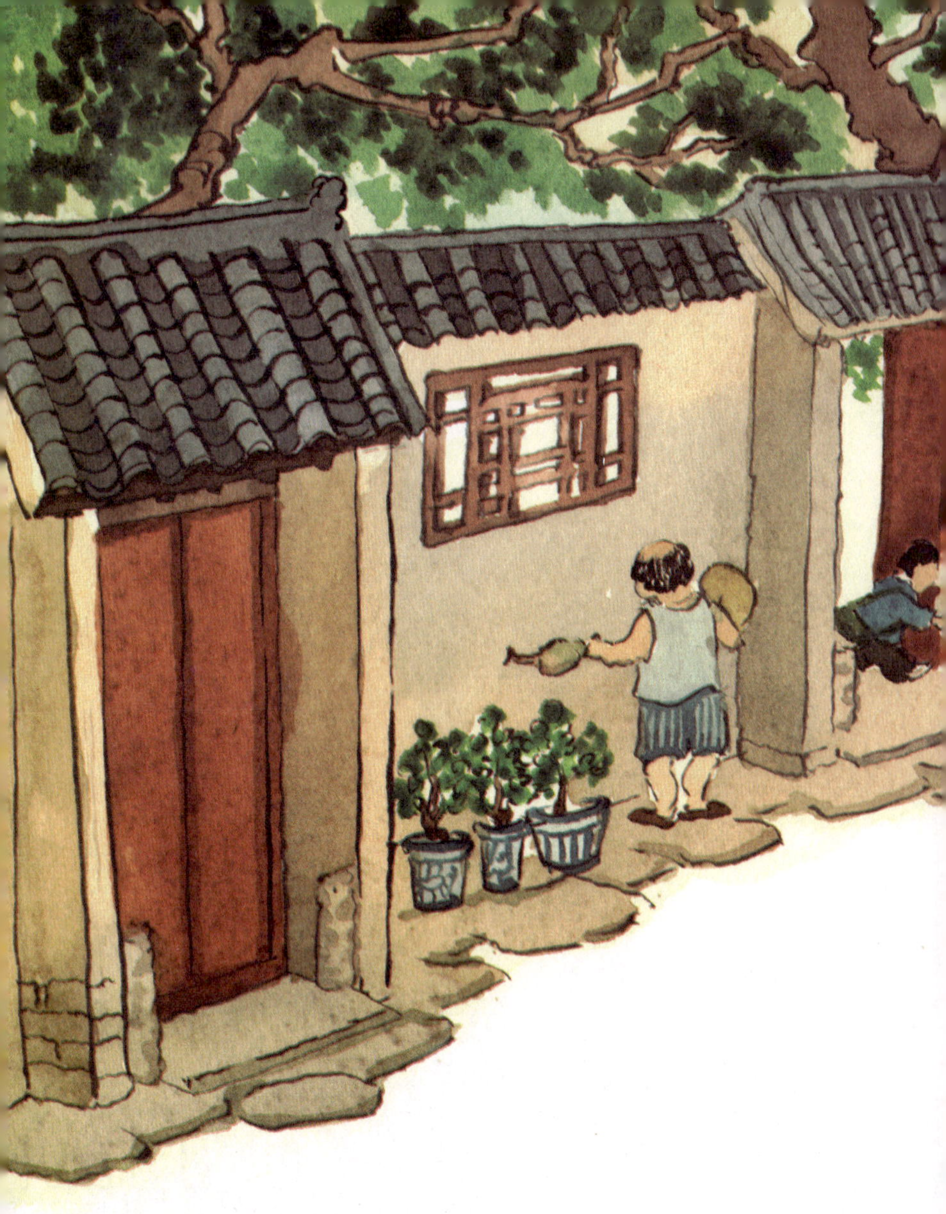

你知道北京"胡同"名称由来吗

　　北京的建筑有三大特色，一个是四合院，一个是王府，另一个就是胡同了。走进现代化的北京城，人们感兴趣的往往是那曲折幽深的小胡同。来北京旅游的游客，都会到各处的小胡同里溜达溜达，胡同俨然已经成为北京建筑的名片。

　　什么是胡同呢？据《北京胡同志》介绍，胡同是城市中一种狭长的通道，是由两排院落墙体、宅门或倒座房、后罩房的屋墙连成的两线建筑物构成的。在两排宅第之间，胡同形成了一条隔离空间带，便于宅院的通风、采光和居民的自由出入。

"胡同"这个名词是怎么来的呢？历来有多种说法。

一说认为"胡同"一词最早出现于金、元时期。女真人和蒙古人都属于蒙古语系，在蒙古语中，城镇被叫作"浩特"，村落被叫作"霍多"或者"霍敦"，转音作"胡同"。当女真人和蒙古人入主中原后，便把这种叫法带到中原来，所以从此以后中原一带的街巷都被称作"胡同"。

一说认为，"胡同"一词源于蒙古语，也就是"水井"或者"有水井的地方"的意思。在今天蒙古族居住的地方，用"井"做地名的现象仍然非常普遍。

而最早见诸文字的"胡同"，出现于元曲杂剧中，例如《张生煮海》中，梅香姑娘有"我家住在砖塔儿胡同"的台词。另外，在取材于三国故事的关汉卿杂剧剧本《单刀会》中，也有"杀出一条血胡衕（胡同）来"的台词。这些都说明，"胡同"在元朝的时候就已经出现了。

北京胡同中的"最"

老北京的胡同虽然不计其数,数也数不清,但并非全部一样,而是各有千秋、各有特点。在众多胡同中,有几个胡同是不得不提的,因为它们实在太与众不同了,被誉为北京胡同之"最"。

1. 最古老的胡同——三庙街

在老北京众多的胡同中,最古老的胡同当属三庙街胡同了,其历史可以追溯到900多年前的辽代,比金代的广安门大街还要早呢,当时被称为"檀州街"。北京城经过了几百年的变迁,可三庙街胡同始终保持着900年前的姿态,静静地候在北京城的一角,看着北京城一点点地演变、发展。

三庙街胡同呈东西走向,长约300米,宽约四至六米。据考证,该胡同早在唐朝时期就已经成形;在辽、金时期最为繁华;明朝时期,因此处有紫金寺,所以又被称为"紫金街";清朝的乾隆年间,被改名为今天的"三庙街"这个名字;新中国成立后,一度被改名为"立新街",后又恢复"三庙街"的名称,并沿用到今天。

在老北京,像三庙街胡同这样元朝以前就形成的街巷胡同还有很多,如现今广安门内大街上的北线阁街、南线阁街和宣外的下斜街东边的老墙根街等。

2. 最长的胡同——东交民巷

说起那最长的胡同,则非东交民巷莫属了,它西起天安门广场东路,东至崇文门内大街,全长近3公里,是老北京最长的一条胡同,在明清的地图上被称为"东西江米巷"。巷内街道两边西洋建筑风格各异、错落有致,是北京唯一一处洋房林立的特色街巷。东交民巷地理位置优越,是北京市内众多人文历史古迹和商业旺铺的黄金聚集地。再稍短的是前门东、西打磨厂街和东、西绒线胡同了。

3. 最短的胡同——一尺大街

北京最短的胡同在琉璃厂东街东口的东南,被称为一尺大街。一条胡同、一尺大街、十来米长、只有6家门脸、店铺,是北京胡同的缩影。该胡同虽是北京最短的胡同,却并非只有一尺长,而是长25.23米。

一尺大街的历史还算悠久,据清末进士陈宗蕃

1931年所著的《燕都丛考》记载:"自杨梅竹斜街而西曰一尺大街,又西曰琉璃厂。"如今"一尺大街"的名称已经撤销,被并入了杨梅竹斜街。在杨梅竹斜街西段,桐梓胡同北口至樱桃胡同北口之间的那段路,就是曾经的"一尺大街"所在。

4. 最宽的胡同——灵境胡同

灵境胡同位于北京市西单地区,呈东西走向,最宽处达 32.18 米,被称为北京最宽的胡同。

5. 最窄的胡同——钱市胡同

关于最窄的胡同,近几年来不断有新发现,较

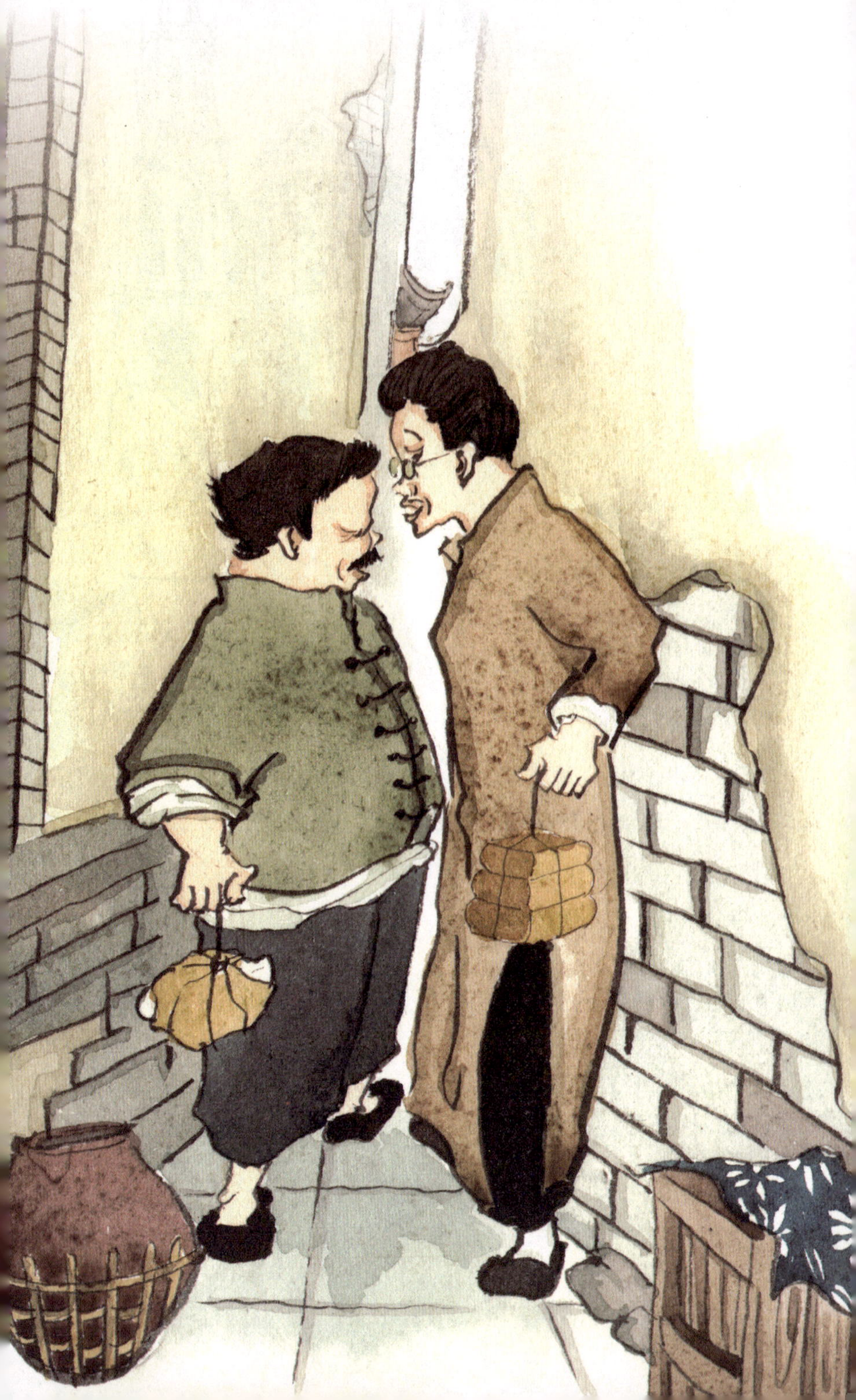

早时期说崇文门东珠市口北的高筱胡同南口最窄，仅65厘米。后来又有人说小喇叭胡同北口向西拐弯处仅58厘米。最新的发现显示，最窄的胡同是大栅栏钱市胡同。

钱市胡同位于珠宝市街的西侧，临近著名的大栅栏商业区，胡同全长55米，平均宽仅0.7米，最窄处竟然仅有0.4米，两个人通过此胡同需要面对面侧身通过。

6. 拐弯最多的胡同——九弯胡同

九弯胡同，顾名思义，以拐弯多著称。九弯胡同位于西城区东部，东口与铺陈市胡同相连，西口从校尉营胡同出，全长约390米。在这从东到西的三四百米的长度里，直弯、急弯、斜弯、缓弯比比皆是，可谓弯连弯、弯套弯。

九弯胡同的名称来自胡同有9个90度的拐弯，其实按地砖线划分，从东到西数，有9个直弯，4个斜弯、缓弯，其他细小的微弯忽略不计，共13个弯，堪称北京城弯道最多的胡同。

你了解北京东四的十四"条"吗

在北京，有很多胡同被称为什么什么"条"，如东四三条、东四十二条等。很多人可能有疑惑，这些地名为什么被称为什么"条"呢？"条"是什么意思呢？

其实，这里的"条"指的就是小胡同。"胡同"一词由蒙古语转化而来，"条"是北京本土的发明创造，在几百年的时间里，与街、巷、胡同共存延续至今。据《北京市城区街巷地名全图》记载，北京共有422个以"条"称呼的街、巷和胡同。可见"条"名称在北京城的流行。

令人奇怪的是，老北京为何以什么"条"为胡同名称呢？这还要追溯到明朝时期。明朝，北京城的面积和规模比元朝时期的大了很多，街道、胡同的数量也随之显著增加。为了更好地区分这些地名，遂采取街道名称的"序列化"。在最初，我们称这些胡同为"某某胡同头条""某某胡同第二条""某某胡同第三条"……或

"某某街头条""某某街第二条""某某街第三条"……可是叫着叫着,人们就发现这样叫很拗口,于是渐渐地便简称为"某某头条""某某二条""某某三条"……北京东四的十四"条"的名称就是这么来的:东四头条(一条被称为头条)、东四二条、东四三条、东四四条、东四五条、东四六条、东四七条、东四八条、东四九条、东四十条、东四十一条、东四十二条、东四十三条、东四十四条。

东四地区的胡同住过很多的名人,有着很多的故事传说,保留着很多的古迹,是老北京精彩生活的写照。

提起东四头条,很多人都不陌生。在众多"条"中,东四头条的文化气息最浓厚,在这里曾经居住过多名文人雅士。如在胡同的1号院,曾经住过钱锺书杨绛夫妇、卞之琳、余冠英、罗念生等人;在胡同的5号院,我国著名的文学家茅盾和著名的相声大师侯宝林曾经先后在此居住。

东四二条。东四二条位于外交部的西侧,呈东西走向,北起东四三条,西止东四北大街,南邻东四头条。据说金庸笔下的福康安曾经在这条胡同住过。在金庸的小说里，福康安是个风流倜傥的贵族公子，在民间传说中，他是清乾隆帝的私生子，几百年来围绕着他的故事非常多。据老一辈人讲，东四二条胡同几乎一半的院落都曾经是福康安的宅院。

东四三条。东四三条东起朝阳门北小街，西止东四北大街，中部往南可通东四二条，往北可通东四四条，呈东西走向。东四三条曾经汇聚了很多达官贵人，据说还有一位格格住在这里。这位格格是溥杰的候选夫人，但最终未能嫁给溥杰。后来，格格的母亲又想让她嫁给溥仪，但最终也没成，最后这个格格终身未嫁。

东四四条。东四四条呈东西走向，东起朝阳门北小街，西止东四北大街，中部往南可通东四三条，往北可通东四五条。

东四五条。东四五条呈东西走向，东起朝阳门北小街，西止东四北大街，南有二支巷可通东四四条。该胡同虽然没有什么文人雅士或者达官贵人居住过，但艺术氛围非常浓厚。

东四六条。东起朝阳门北小街，西至东四北大街，南与月牙胡同、流水巷、育芳胡同相通，北与月光胡同、南板桥胡同、德华里、石桥胡同相通。该胡同的

63号和65号就是号称"东城之冠"的崇礼宅。这座宅院也是这一带唯一的作为全国重点文物保护单位的私人住宅。

东四七条。东四七条位于区域中部，东四北大街东侧，属东四街道办事处管辖，呈东西走向，中间曲折。东起朝阳门北小街，西止东四北大街，南与德华里、月光胡同相通，北邻东四八条，中与南板桥胡同、石桥胡同相交。据说辅国公载灿就是在东四七条找到了他的"乘龙快婿"。

东四八条。位于东城区东部，东起朝阳门北小街，西至东四北大街，南与石桥胡同、南板桥胡同相通，北有支巷通东四九条。胡同内71号院，原是清代为宫中掌管帘子的王姓官吏所盖的一座房子，新中国成立后，教育家叶圣陶曾居住于此。

东四九条。位于东四北大街东侧，呈东西走向。东起朝阳门北小街，西止东四北大街，南与南板桥胡同相通，并有支巷通东四八条，北有支巷通东四十条。在讲述和珅故事的电视剧里，有一个与和珅勾结、狼狈为奸的大贪官李侍尧，这个李侍尧就住在东四九条。

东四十条非常普通，几乎没有什么逸闻趣事传出。

东四十一条为历史上的运粮道，所以，该胡同有一个很明显的特点，即没有树。那个时候，谁要是在这个地方种树，是要被砍头的。

东四十二条，远离闹市，是一条"平民胡同"。

东四十三条位于东城区东北部，东起东直门南小街，西至东四北大街。在明朝的时候被分为两段，东段称慧照寺，西段称汪家胡同。慧照寺位于胡同东端与小菊胡同南口相交处路北，原为永宁伯府所在地。成化十七年（1481年），僧人庭佑将其宅改建为慧照寺，寺所在巷也改名慧照寺胡同。1965年整顿地名时，将慧照寺胡同并入汪家胡同，改称东四十三条。

东四十四条，肃亲王善耆就曾经居住在这里。她的女儿就是超级间谍川岛芳子。

老北京文化味儿最浓的是哪条胡同

说起老北京文化味儿最浓的一条胡同,非琉璃厂莫属了!老北京最原汁原味的东西都在这儿。相传昔日皇帝出宫来遛弯儿,琉璃厂是其必到之处。不止皇帝爱来这儿,许多达官贵人也喜欢在此处居住,并且全国各地的会馆都聚集在此。官员、赶考的举子们进皇宫,这里也是他们的必经之地,足见其文化底蕴的深厚。

琉璃厂位于西城区,距离天安门广场约有1公里,它西起南北柳巷、东至延寿寺街,全长800米。实际上在辽金时期,这里并不是城里,而是郊区,当时叫"海王村"。及至元明时期,此地建造了很多官窑,用以烧制修建皇宫所用的琉璃瓦件,所以被改名为今天的"琉璃厂"。明朝时期,明成祖朱棣为了迁都北京,下令重建北京城。琉璃厂的炉火就越烧越旺了,制作出来的琉璃瓦,把北京这座历史名城装点得金碧辉煌,历经数百年风雨而光泽不减。

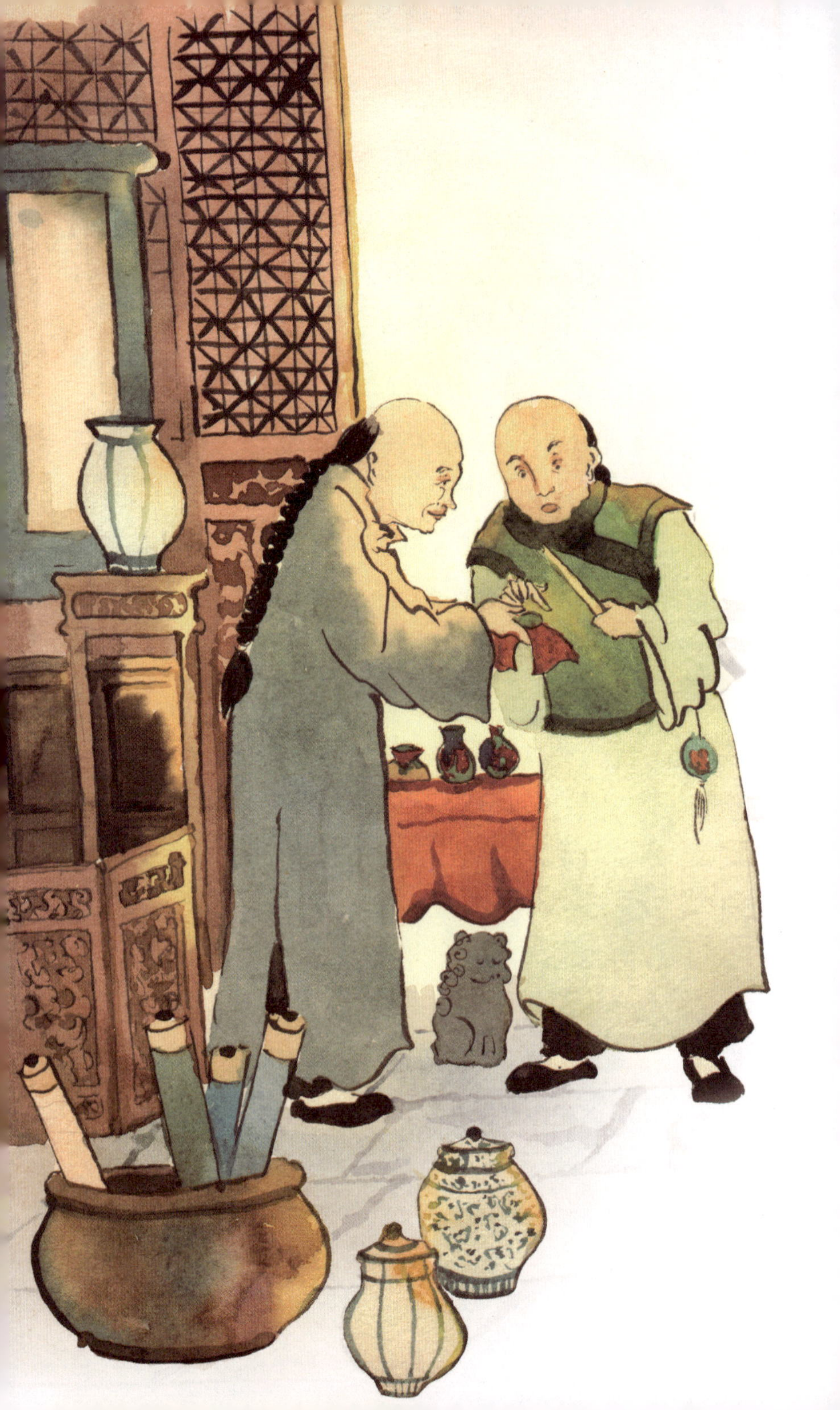

及至明嘉靖三十二年修建外城后，这里变为城区，琉璃厂便不宜于在城里烧窑，而迁至现在的门头沟区的琉璃渠村，但"琉璃厂"的名字却一直留存了下来，沿用至今。

在清朝的康熙至乾隆年间，琉璃厂渐渐地发展成为文化街。当时，很多汉族的官员都居住在琉璃厂以西的宣武门外，并且来自各地的赶考举子居住的会馆也都在附近。他们对书籍的需求量很大，各地书贾更是纷纷在此设摊、建店，出售大量藏书。繁华的市井，便利的条件，形成了"京都雅游之所"，使琉璃厂逐渐发展成为京城最大的书市，形成了人文荟萃的文化街市，与文化相关的笔墨纸砚、古玩书画等，也随之发展起来。及至清光绪二年（1876年），这里的书店发展到270多家。民国初年，经营文化商品的店铺及其作坊发展到200家。琉璃厂逐渐成了北京城里最有文化味儿的一条街。

琉璃厂与新华街交界处为"厂甸"，是二百年来京城最盛大的春节庙会所在地。清人马炳章的《厂甸记》中说："至正月则倾城士女，如荼如云，车载手挽，络绎于道。"

如今的琉璃厂越来越适合旅游观光了，需要细细地品味和挖掘。

去琉璃厂游玩，有几个地方是必须去的，这里略举一二。

琉璃厂有许多著名老店，如槐荫山房、古艺斋、瑞成斋、萃文阁、一得阁、李福寿笔庄等，还有中国最大的古旧书店中国书店，以及西琉璃厂原有的三大书局——商务印书馆、中华书局、世界书局。而琉璃厂最著名的老店则是荣宝斋，有人说：琉璃厂因荣宝斋等著名文化老店而享有盛名。荣宝斋素有"民间故宫"之称，是琉璃厂的一块金字招牌。拥有300多年的历史，不仅有典藏的文房珍宝、精湛的装裱工艺、绝技的木版水印，还常常举办"以文会友"等交流活动，使其成为联结中国传统文化的首要通道。

除了荣宝斋之外，琉璃厂必去的第二个地方是中国书店，琉璃厂地区延续千余年的古旧书业之精华便汇聚于此。它专门收集中国历代古籍、碑帖、拓片、各类旧书、报纸杂志，发售新印古籍和与文化研究有关的各种图书及画册，兼营文房四宝，还开办了京味书楼和北京民俗馆等各类书展。最有特色的还是这儿的古旧书收售及古籍修复技艺。

金鱼胡同：显赫一时的"那家花园"

金鱼胡同位于东城区灯市口大街的南侧，属于东华门地区，是王府井大街路东从南往北数的第二条胡同，是当年由皇城出来逛灯市的必经之地。它东起东单北大街，西止王府井大街，南与校尉胡同相通，北邻西堂子胡同，比一般胡同宽，长540米，可算是条马路。著名的吉祥戏院和东来顺饭庄就设在这里。

该胡同在明朝的时候属澄清坊，在当时就有了这个名字，在清朝的时候它属镶白旗，沿用了"金鱼胡同"的名称。

在胡同东段北侧，坐北朝南，是内部相通的4个宅院，加上东边的1号旁门共5个宅院，占地一万六千多平方米，是清末体仁阁大学士、军机大臣那桐的府第。对此，《燕都丛考》有明确的记载："那琴轩桐相国故宅，旁有园，俗名那家花园。""那家花园"东起金鱼胡同东口，西到现在台湾饭店的东墙，占了半条胡同，南北贯通金鱼胡同与西堂子胡同。

那桐，全名为叶赫那拉·那桐，是满洲镶黄旗人，晚清"旗下三才子"之一，是中国近代史上的一位重要人物。在清末光绪、宣统年间先后充任户部尚书、外务部尚书、总理衙门大臣、军机大臣、内阁协理大臣等，并兼任过京师步军统领和管理工巡局事务。义和团运动期间，慈禧太后和光绪皇帝逃往西安，那桐被任命为留京办事大臣，随奕劻、李鸿章参与签订《辛丑条约》的谈判。《辛丑条约》后，任专使赴日本道歉。清帝退位后，迁居天津。

据考证，那桐是在清光绪十二年（1886年）搬到金鱼胡同来的。当时只有住宅部分，后来进行了东西向扩延，遂形成了"占地二十五亩二分九厘二毫，原有房廊三百多间的那家花园"。

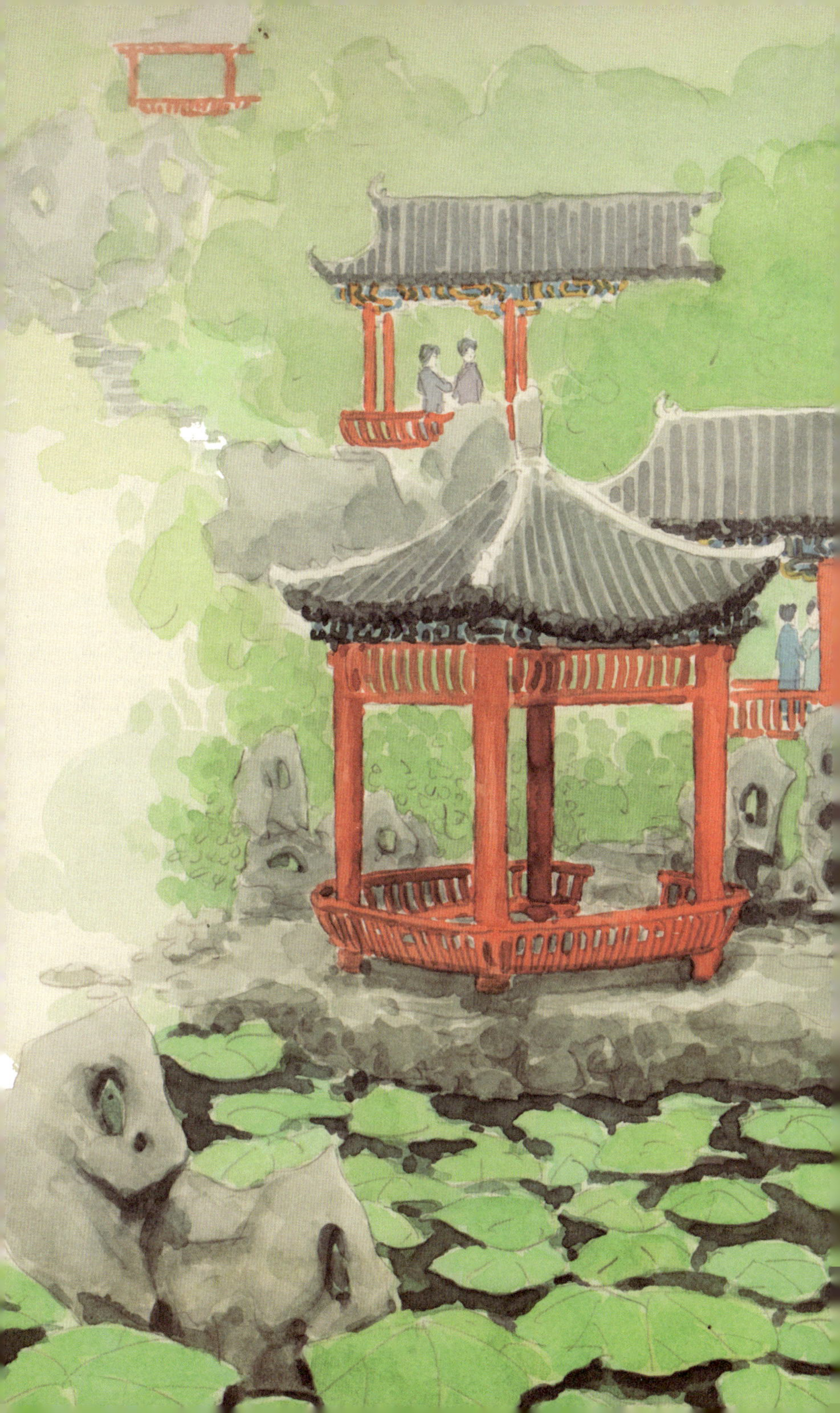

辛亥革命后，孙中山第一次到北京时的欢迎大会就在此园召开。此后北京上层社会的大型集会常借用此园，因此在社会上很享盛名，"那家花园"这个名称就是这样产生的。

在民国时期，那家花园一度成为政治交际场所。此外，它还经常被出租，用来唱堂会和结婚。日寇入侵后，它一度为张璧强行租占。1950年，该园最东边的院落被出售，成为机关办公用房，后在70年代末期被改建为面临东四南大街的高层楼房（如今成为商业用房），门牌改为东四南大街249号，金鱼胡同从此无1号。其他的几个院落从1951年开始陆续出售，渐次改建成现在的和平宾馆。1988年，和平宾馆、王府饭店扩建，将半条金鱼胡同拆去，那家花园也被拆除。目前，尚有"翠籁亭"、假山及井亭等那家花园的旧物。

今天的金鱼胡同，道路非常宽敞，街道两旁是高大的台湾饭店、和平宾馆、王府饭店，再也找不到昔日的胡同景象。

雨儿胡同曾经住过哪些名人

在南锣鼓巷西侧,从南往北数第三个胡同,就是曾经住过好多名人的雨儿胡同。该胡同属东城区交道口地区,自东向西沟通南锣鼓巷与东不压桥胡同,长约340米。

雨儿胡同的历史非常悠久,起源于明朝时期,那个时候,它被称为雨笼胡同。及至清朝,被改为今天的"雨儿胡同"这个名称。民国时期继续沿用这个称号。曾经一度改名为辉煌街三条,后来又恢复了"雨儿胡同"的称号。

雨儿胡同曾经出过许多名人或者要人,据《啸亭续录》记载:"公(叶)布舒宅在雨儿胡同。"这里的"公(叶)布舒"指的是清太宗皇太极的第四个儿子,他在清康熙八年(1669年)被封为辅国公。如今雨儿胡同11号、13号、15号的位置就是曾经的辅国公(叶)布舒的宅邸。

在民国时期,13号与其东侧的11号和其西侧的15

号原本是一体的,当时是北海公园董事会长董叔平的宅院,被称为"董家大院",后来这座宅院被分割出卖。

雨儿胡同出过的众多名人中,最有名的当属著名

画家齐白石先生。齐白石是中国画大师,中国近代美术文化史上的杰出画家、书法家、篆刻家,曾任北京国立艺专教授、中央美术学院名誉教授、北京画院名誉院

长、中国美术家协会主席。齐白石故居位于雨儿胡同13号院。13号院在胡同中段北侧，紧邻南锣鼓巷，是一座坐北朝南的四合院。中华人民共和国成立后由文化部购买，作为画家齐白石的住所。1955年，齐白石曾在这里住过半年，后搬出。后来该院被改为"齐白石纪念馆"，后改为"北京画院"。如今该院仍然为北京画院用房，是北京画院《中国画》编辑部和北京美术家协会所在地。

31号院为罗荣桓元帅故居，虽然如今的院门已经经过改建，但还是能够从中看出昔日的气派。

33号院是粟裕将军的故居。粟裕是中国现代杰出的革命家、军事家、战略家，淮海战役、上海解放战役等一系列重大战役的指挥者，1955年被授予大将军衔。

雨儿胡同13号院内有3间北房，两侧各带3间耳房；有东、西厢房各3间；有南房3间，两侧原来也应该各带耳房3间。院内房屋均为清水墙体的带廊起脊合瓦房，且有回廊连接，墙体磨砖对缝，装饰性很强的铃铛排山脊，做工考究。虽然不算宽敞，并且昔日那些历史名人居住的痕迹早已辨认不清，可是从今日看来，依然不失静美、温馨。

青云胡同：梅兰芳的"城南旧事"

在北京城，我国著名京剧大师梅兰芳先生曾经有多处故居，其中最有名气的是位于西城区护国寺街9号的"梅兰芳故居"。这是梅先生的晚年寓所，在1961年他逝世前，就是在这座温馨、静谧的四合院里度过了人生的最后岁月。梅先生逝世后，这座宅院被改建为"梅兰芳纪念馆"，自1986年起对外开放。多年来，吸引了众多爱"梅"之人前来驻足、缅怀。

除了"梅兰芳故居"外，梅先生在北京的住处还有很多：1907年，梅先生举家迁至珠市口东大街北桥湾道北的北芦草园，此时梅家的经济状况正处于窘迫时期，故该住处是梅先生一生居住最简陋的一处；1909年，梅先生搬到鞭子巷头条（后更名为锦绣头条），梅先生在此宅院结婚生子；1912年，又搬到鞭子巷三条（后改为锦绣三条）26号一座四合院，此时的梅先生得到谭鑫培提携，于天乐园首次与谭合演《桑园寄子》，身价倍增；

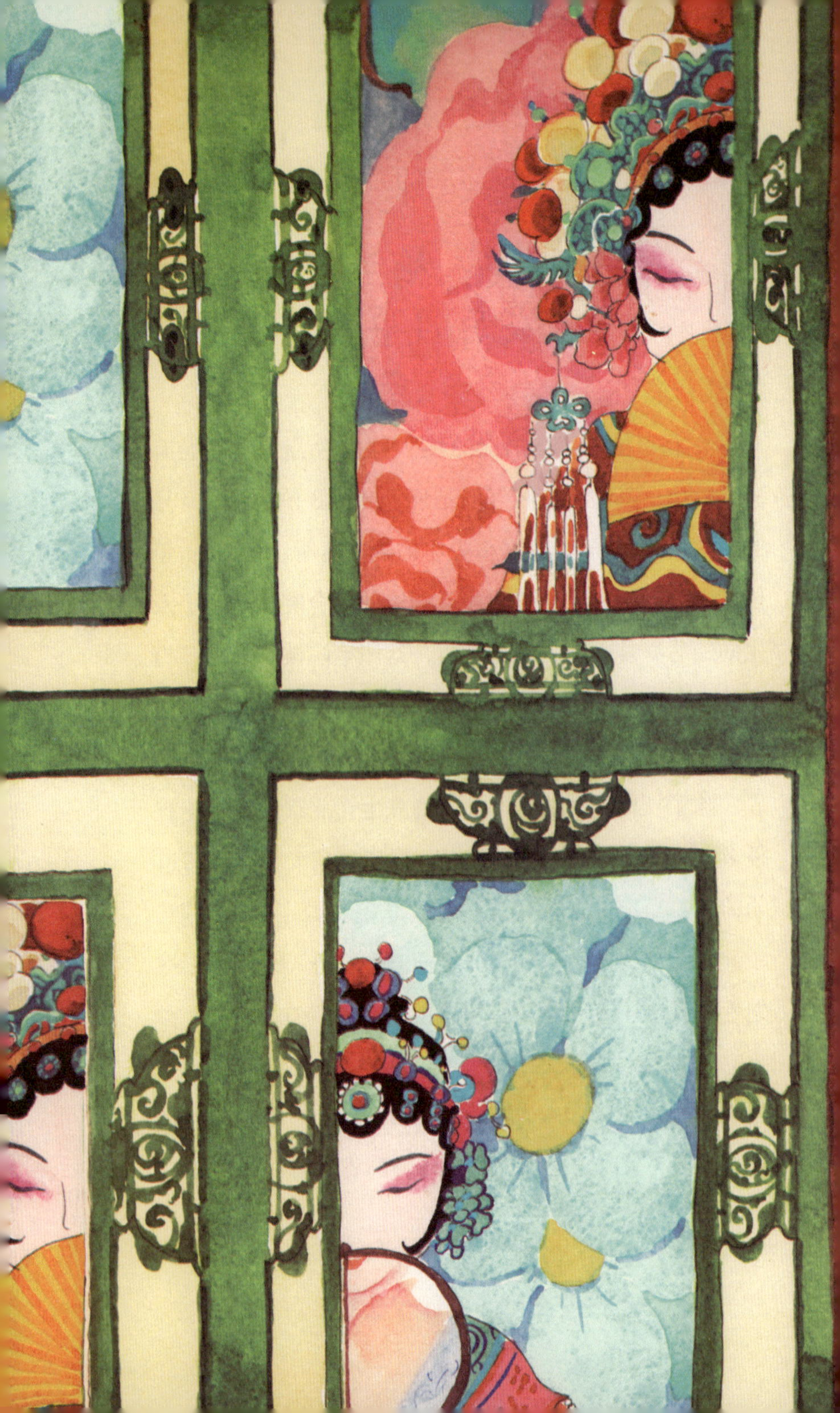

1915年和1916年,梅先生的儿子大永、女儿五十相继不幸在此宅中因病夭折,梅先生夫妇大为悲痛,决定另觅新居。1916年,梅先生以两千多两银圆典了北芦草园西口青云巷8号(现青云胡同29号)的一所宅院,一住就是六年。可以说,青云胡同29号院,曾见证了梅先生事业上的发展和转折。

青云胡同，原名庆云巷胡同、庆云大院，据《北京市崇文区地名志》记载，该胡同北起西兴隆街，南至南芦草园胡同。至于该胡同的名称由来，清《京师坊巷志稿》对此有记载，即："在大小崇真观与北芦草园之间有庆云庵。"也就是说，该胡同因庵而得名。1965年庆云大院、十间楼并入，统称为青云胡同。

青云胡同为南北走向，其29号院是东、西两所打通的并列四合院落。两个院落的格局几乎相同。街门设在东院，倒座南房面阔五间，东侧间辟为门道，街门面向南开，使北房成为正房。通过门道向西走，你会发现在两厢房南山墙间设置了一道障墙，将南房隔在外院。北房为上，面阔五间带前廊。通过北房前可以通向西院，南、北房也各为五间，均与东院房并连，北房也带前廊。东西厢房也各为两间，西房南侧辟为街门，临街为高庙胡同（也就是今天的长巷五条30号），在平时这个门不开，东院之门是正门。

随着历史的变迁，昔日华美、精致的青云胡同已经失去了其往日的光辉。然而，每每想到一代京剧大师梅兰芳先生当年曾在这里生活过，就令人不由自主地感怀不已。

丰富胡同：老舍先生的"丹柿小院"

提起老舍故居，不得不提那条有名的丰富胡同。老舍故居"丹柿小院"就在这条胡同内。丰富胡同距离王府井不远，在灯市口西街上，是一条南北走向的小巷，北临北厂胡同，附近还有举世闻名的王府井大饭店。如今的丰富胡同只是一条小小的巷道，巷内虽没有多少院落，但狭窄得很有味道。巷内也安静得很，连行人都少见，在喧闹的王府井大街旁边，在这样静静的小巷内游走，也是一种难得的享受。

具体地说，老舍故居"丹柿小院"位于东城区灯市口西街丰富胡同19号（旧时的门牌是丰盛胡同10号，后整顿地名时，因与西城区的"丰盛胡同"重名，遂改称"丰富胡同"），院子不大，方方正正，是座典型的老北京四合院。这是我国著名的作家老舍先生最后住了16年的地儿，是老舍1950年回国后经周恩来总理批准购买的，老舍也因此成为解放初期政府批准作家自

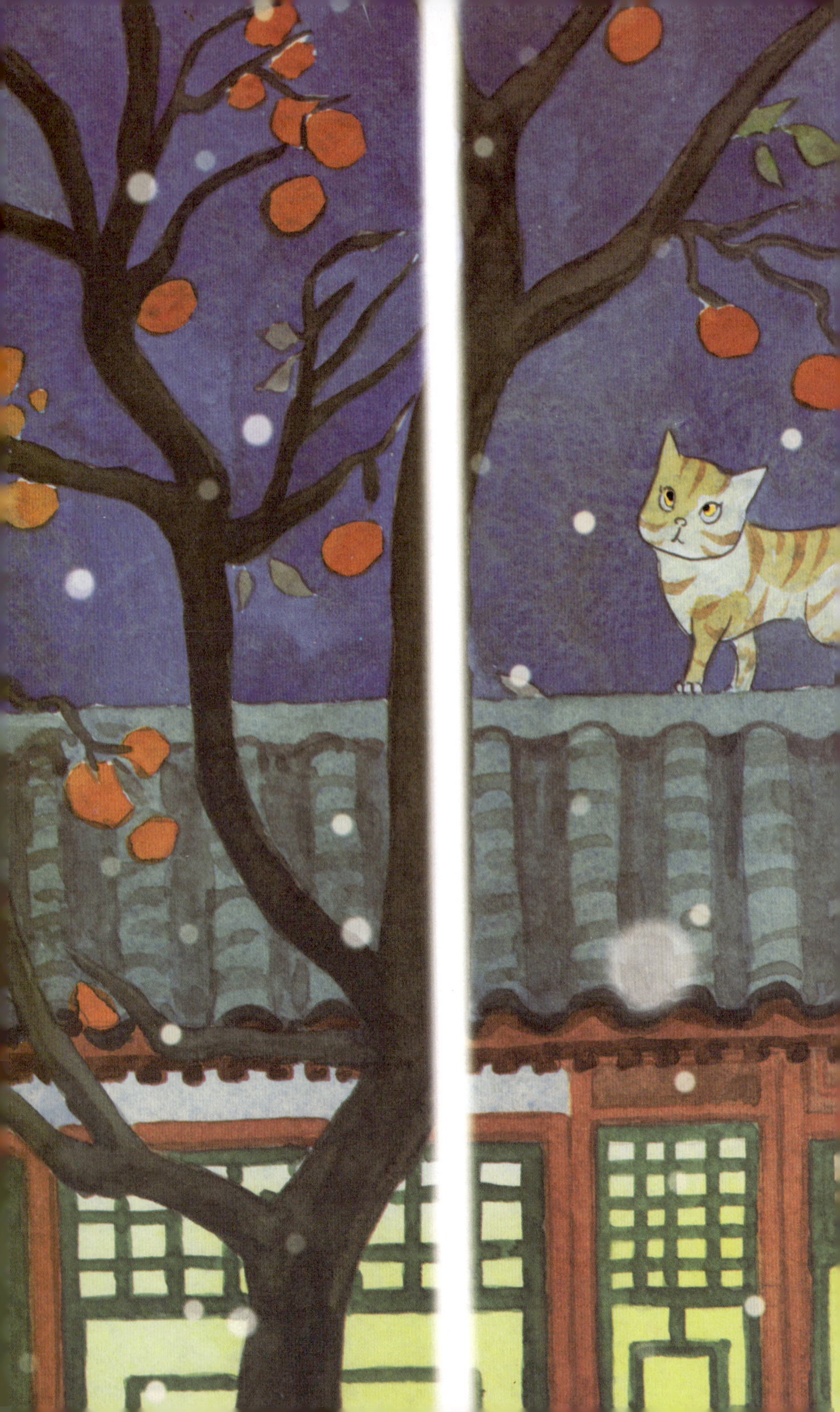

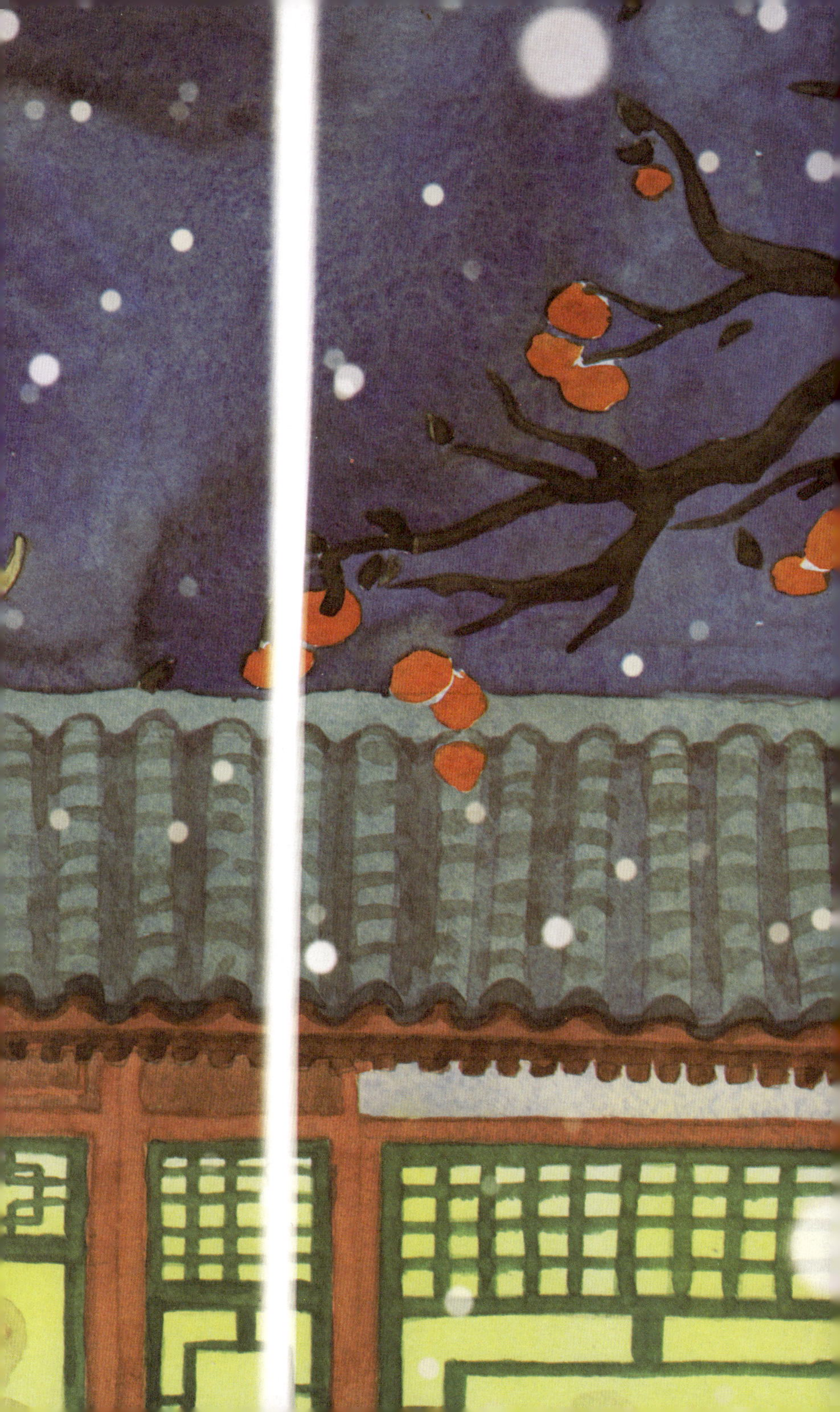

己掏钱买房的第一人。其间他写下了脍炙人口的《方珍珠》《龙须沟》《茶馆》等几十部话剧和大量曲艺、杂文、诗歌、散文等。

1950年，老舍被任命为政务院文教委员会委员，并被选为北京市文学艺术工作者联合会主席。为了有一个安静的写作环境，老舍希望能有一所自己的小房子。得到周恩来总理的肯定答复后，老舍请他在美国的出版代理人寄回500美元版税，换成100匹布，在东城丰富胡同买下一所小三合院，也就是如今的灯市口西街丰富胡同19号。

老舍先生生前比较爱种植花草，这座宅院里的花草树木几乎都是他亲手种植的。1954年春，他的夫人胡絜青女士在院内种了两棵柿子树，每当深秋来临，红柿高挂，所以这个小院子也被称为"丹柿小院"。如今，这两棵柿子树依然枝繁叶茂。看守老舍故居的老大爷说，秋天满树都会挂满黄澄澄的柿子，比市场上卖的柿子甜得多呢！

老舍先生"生在北京，长在北京，死在北京，他写了一辈子北京，老舍和北京分不开，没有北京，就没有老舍"。老舍在北京前后住过的地方共有十处，其中中华人民共和国成立前九处，即小羊圈胡同（现为小杨家胡同）8号是他的出生地，北京师范学校（今育劝胡

同)、第十七小学(今方家胡同小学)等地,中华人民共和国成立后仅一处,即灯市口西街丰富胡同 19 号,他在这里居住直至辞世,居住的时间最长,人生成就最辉煌。

现在,故居院内的东、西厢房,被辟为老舍纪念馆,通过大量珍贵的照片、手稿,展示了老舍先生的生平及创作历程。1984 年 5 月 12 日北京市人民政府将老舍故居公布为北京市第三批文物保护单位。

国子监街：一条精彩的文化街

国子监，又被称为太学、国学，是元明清三代国家设立的最高学府，它通常设置礼、乐、射、御、书、数等教学科目。当时的人若能在国子监上学，那可算是光宗耀祖了。国子监的最高长官被称为祭酒，元代的著名学者许衡就曾经做过这里的祭酒。当年他亲自种植的柏树至今已经存活了好几个世纪。

北京的这所国子监，始建于元大德十年（1306年），在最初的时候是效仿晋代时的名称而被称为国子学。在明朝初期毁弃，改建北平府学，从此北平府学成为北京地区的最高学府。后来明朝的永乐帝从南京迁都北京，又效法唐代名称改北平府学为北京国子监，同时保留着南京国子监。如今的北京国子监内，元代建筑遗存比较少，绝大部分建筑为明清两代所建。

国子监街，因国子监在此地得名，是一条东西向的胡同。它位于东城区西北部。东起雍和宫大街，西至安定门内大街，是首届"中国历史文化名街"之一。东西贯通的国子监街全长669米，平均宽度11米，清朝的乾隆皇帝赞其为"京师为首善之区，而国子监为首善之地"。

要说起国子监街的历史，可谓十分久远，可以追溯到遥远的元代。元代至元二十四年（1287年），元世祖忽必烈在大都城的崇仁门（今天的东直门）内的这条大街上修建了"国子学"。及至元大德六年（1302年）修建了孔庙，元大德十年在孔庙西修建了国子监，体现了"左庙右学"的规制。对此，明崇祯八年（1635年）刊印的《帝京景物略》有详细的记载："都城东北艮隅，瞻其坊曰'崇教'，步其街曰'成贤'，国子监在焉。"在明朝的时候，国子监街被称为"国子监孔庙"，后在清朝的时候改名为"成贤街"，在民国以后改称为国子监街，曾经一度改名为红日北路九条，后又改回国子监街。

国子监街是整个北京城仅存有牌楼的街道，其最突出的景致之一便是那四座牌楼。在街的东口和西口各有一座，额枋上写的是"成贤街"三字。另外两座在胡同中间的国子监大门的两边，额枋上书"国子监"三字，两牌楼两侧路北均有石碑，用满汉文镌刻"文武官员到此下马"字样。

如今的国子监街，尚保存着较好的旧京街巷的风貌，是京城现存不多的古老街道之一，巍然耸立的牌楼，夹道的古槐，和两旁的大小宅院、

庙宇，古色古香，清幽恬静，古城韵味十足。1984年被定为北京市级文物保护单位。

门框胡同：有名的风味小吃一条街

说起大栅栏一带的美味小吃，不能不提门框胡同。门框胡同位于西城区东北部，大栅栏街道办事处辖区东部偏北。它北起廊坊头条，南至大栅栏，是条南北向很不起眼长约百米中间仅约三米宽的小胡同。

别看门框胡同非常不起眼，这里还曾经住过我国著名章回体小说家张恨水呢！张先生一生勤奋写作，笔耕不辍，在1930至1933年居住在门框胡同12号院里，仅几年就创作出了《啼笑姻缘》《金粉世家》等好几部小说。

门框胡同在清朝的时候就有了这个名字，对此，《光绪顺天府志》有明确的记载："大栅栏，有小胡同曰门框胡同。"民国的时候继续沿用这个名字，直至今天。

说起门框胡同的来源，也非常有意思，只因为胡同内有一个石砌的过街门槛，下面设置着石门框，所以有了这个名称。

曾经的门框胡同是著名的小吃一条街，同时也是连接大栅栏一带繁华商业区的通道，是京城著名的专售小吃的胡同。曾经有谚语提到京城的繁华之处，里面就提到了门框胡同："东四西单鼓楼前，王府井前门大栅栏，还有那小小门框胡同一线天。"

当年的门框胡同不仅有同乐轩戏园子（后又成红极一时的同乐影院）和一些老字号商铺，更在这窄小的胡同里聚集着名扬国内外的京味传统的众多小吃摊，曾经发展到近20家，从南往北的商铺一家紧挨着一家，生意特别红火，各家小吃的香味从未断过。这儿最有名的店铺是刘家老铺复顺斋，它开设于清代康熙年间，专卖酱牛肉，肉香味醇，远近闻名。除这家酱牛肉店外，这里的小吃店还有年糕王、豌豆宛、厨子杨、年糕杨、豆腐脑白、爆肚冯、奶酪魏、炒火烧沙、同益轩羊肉、俊王爷烧饼等，丰富多彩，味美价廉。这些贩卖小吃的小摊饭铺虽然门脸不大，但几乎每家都有悠久的历史和丰富的传说，吸引了各阶层的食客光顾。据爆肚冯第三代传人冯广聚及豆腐脑白的后人追忆，民国时期正是京味小吃的黄金时代，那时很多戏曲文艺界名流都是在演出卸妆后到门框胡同吃小吃，如裘盛戎、荀慧生、尚小云、金少山、李万春、马连良、谭富英、谭元寿、常宝坤、侯宝林、白全福、郭全宝等都非常爱吃京味小吃，有些人是门框胡同的常客。

　　1985年，爆肚冯的后人在门框胡同重新开办了爆肚冯饭馆，此后瑞明楼等老字号也纷纷落户门框胡同，门框胡同又与整个大栅栏一道逐渐恢复了往日的繁华。

菊儿胡同：震动国际建筑界的文化路标

菊儿胡同东起交道口南大街，西止南锣鼓巷，全长438米，如同一道亮丽的风景，镶嵌在古老的京城。

菊儿胡同，在明朝的时候属昭回靖恭坊，被称为"局儿胡同"。在清朝的时候属镶黄旗，乾隆年间被改名为"桔儿胡同"，"桔"字有两种读音，一读"洁"，另一读"橘"，清末又谐音作"菊儿胡同"。直到宣统年间被正式改名为"菊儿胡同"。

民国时期，沿用了这个名称。直到1965年，政府在整顿地名时，才改其名为"交道口南二条"。后来还曾一度改名，最后又恢复了"菊儿胡同"的名称。

菊儿胡同的3号、5号、7号是清光绪大臣荣禄的宅邸。后来，7号还曾是阿富汗大使馆。43号原为寺庙，据传，寺里的开山和尚是皇帝的替僧。可以说，菊儿胡同充满了人文气息和历史的厚重感。

菊儿胡同虽然住过一些名人，有过一些特殊的用途,但与东交民巷、国子监街这些有名的街巷相比,还是非常普通的一条小胡同。可这样一条普通的胡同如今为何被称为"震动国际建筑界的文化路标"呢?

这还要从20世纪80年代,菊儿胡同被列为北京危旧房改造项目说起。正是因为这项危旧房改造项目,菊儿胡同成为京城首例新四合院。这里的新四合院,记录了一位建筑师的思考和创造,它与这位建筑师的名字,共同载入了世界建筑史册,引起了全世界的重视,得到了国际建筑界前所未有的认同。

这位建筑师就是吴良镛,他凭借着菊儿胡同改造建筑群的设计,得到过"联合国人居奖"等数不清的奖项和赞誉。

吴良镛，中国科学院院士，中国工程院院士，清华大学建筑学院教授，建筑与城市研究所所长，人居环境科学研究中心主任，我国著名的建筑学家、城乡规划学家和教育家，获得2011年度国家最高科技奖。

菊儿胡同的改造过程是艰难的，可谓历尽艰辛，但最终的结果却是非常喜人的，引起了全世界的人关注。

经过整治后的菊儿胡同，犹如涅槃重生，焕发出了勃勃生机。它的住宅楼设计参照了老北京四合院的格局，又吸收了公寓式住宅楼具有私密性的优点，整个布局错落有致。在保证私密性的同时，利用连接体和小跨院，与传统四合院形成群体，保留了中国传统住宅重视邻里情谊的精神内核。

菊儿胡同新四合院，从菊儿小区一期入住，到1994年二期完工，各种表彰、奖项就纷至沓来：北京市科技成果二等奖、亚洲建筑师协会优秀建筑金奖、世界城市建设荣誉工程、联合国人居奖……时至今日，菊儿胡同新四合院工程依然是我国获得国内外大奖最多的建筑作品。

烟袋斜街：自发形成的古玩交易市场

在西城区东北部，地安门以北，鼓楼前脸儿，什刹海前海北侧，有一条北京城最老的斜街——烟袋斜街。它东起地安门外大街，西至小石碑胡同与鸦儿胡同相连，北起大石碑胡同，南至前海北沿，街区占地14公顷。此街东西斜形走向，全长232米，宽5到6米，街道两侧建筑典雅朴素，颇具明清传统风格，其前店后居的形式呈现出古风犹存的市井风情，充分展现出浓郁的老北京传统风貌。

烟袋斜街始建于元朝，成街于明朝，在清朝和民国时期最为繁华热闹。据说，这条街在元代至明朝中叶，被称为"打鱼厅东街"，打鱼厅是元明时期管理海子捕鱼的官厅机构，其衙署设于此街之上，故名。明嘉靖年间的《京师五城坊巷胡同集》中就有这样的记载："日中坊二十二铺，北安门西……银锭桥，打鱼厅斜街。"后来，在清朝的乾隆年间被改名为鼓楼斜街，在清朝的末期被改名为今天的"烟袋斜街"这个名字。对此，清乾隆年间的《日下旧闻考》一书有详细的记载。

有读者或许会问，它为什么被改名为"烟袋斜街"了呢？这里面还有一个有趣的故事。

据说，当时北京城里的烟叶行业发展得非常好，主要是因为居住在北城一带的旗人们很多都喜欢抽旱烟或水烟。可是，仅有烟叶是满足不了他们日益旺盛的需求的。在那个时候，还不流行抽烟卷，大家抽烟都讲究用烟袋。针对这种情形，住在斜街上的人家便开始打起开烟袋铺售卖烟袋的主意，就这样，一家家烟袋铺便在斜街上开了张。时间长了，这条斜街便被叫成了"烟袋斜街"。

更加有意思的是，也不知是巧合还是天意，这条街本身就像一支烟袋：细长的街道好似烟袋杆儿，东头入口像烟袋嘴儿，西头入口折向南边，通往银锭桥，看上去活像烟袋锅儿。正是基于这两方面的原因，以"烟袋"命名斜街，真是名副其实，既形象又朗朗上口。后来烟袋斜街的名字越叫越响，一直流传到今天。

民间一直称这条街为"烟袋斜街"，但这个名字直至清嘉庆或道光年间才得到官方的正式确认。清朝时

期是这条街最为繁华的时期,当时的烟袋铺特别多,这些烟袋铺经营各种大小烟袋及水烟袋、鼻烟壶等,也卖烟叶,如关东烟、旱烟叶、兰花烟等。除此之外,还有古玩字画店、裱画店、纸铺、钟表店、当铺、杂货铺,有糕点铺、豆腐房、各种服务性行业及风味小吃店等,甚至还出现了"鬼市"。主要是因为南城的南药王庙举办庙会时,整夜都有香客进香,由此庙门两旁的各种服务性摊贩也通宵不断,这样就逐渐形成了"鬼市"。

烟袋斜街地近什刹海、南北锣鼓巷,王

公府第众多。辛亥革命给这条街带来了很大的影响。自辛亥革命发生后，附近的清朝权贵、满族子弟日趋没落，失去昔日的特权，不少人家靠变卖家产、贱售古玩度日。由此，烟袋斜街开始有人做起了古玩买卖的生意。及至民国以后，这条街开始逐渐成为古玩商们的根据地，当时比较有名的古玩店有宝文斋、敏文斋、太古斋、抱璞山房等六家之多。与此同时，还出现了一些服装店、理发店、洗澡堂等。

后来，烟袋斜街开始沉寂下来，街面店铺也渐渐地转变为民居，原有的商业环境逐渐消失。2000年开始，政府开始对这条街进行整治，并将其列为传统商业街，对它进行重点保护。整治后的烟袋斜街，颇有一番古色古香的韵味，再现出老北京传统的青砖灰瓦的建筑风貌，形成了以经营民族服装、服饰、烟具、茶具、古玩等民间工艺品为主的业态风格，成为北京城较有名气的文化街，留下了很多文化名人的足迹。

老北京胡同里都有哪些摆设

在老北京的胡同里，老百姓们通常都要设置一些摆设，如泰山石敢当、栅栏、上马石、拴马桩、水窝子、牌楼、过街楼等。

1. 泰山石敢当

"泰山石敢当"是五个字的长方形石碑，在老百姓的心目中，具有辟邪保平安之意。

远在上古的时候，就有很多禁忌和崇拜，石崇拜就是其中很特别的一种崇拜，意思是将小石碑（或小石人）立于桥道要冲或砌于房屋墙壁，上刻（或书）"石敢当"或"泰山石敢当"等字眼，以表镇压不祥之物、保佑本家平安之意。在当时的胡同民居中特别流行。

关于"石敢当"的文字记载，最早见于西汉史游的《急就章》："师猛虎，石敢当，所不侵，龙未央。"颜师古注："卫有石蜡、石买、石恶，郑有石制，皆为石氏；周有石速，齐有石之纷如，其后以命族。敢当，所向无敌也。"颜氏认为，石是姓，敢当为所向无敌意。

其实,"石敢当"是我国古代民间传说中的石神,据说他原本是古代的一个大力士,后来被人们神化了。在老百姓的心目中,"石敢当"如果与"泰山"相结合,则胡同和宅院就可以保平安了。所以,在北京的老胡同里,几乎家家的大门口或者房屋的墙壁上,都会有"泰山石敢当"。

2. 栅栏

"栅栏",顾名思义,就是栅栏门。栅栏在我们的生产和生活中应用十分广泛,有花园栅栏、公路栅栏、市政栅栏等。目前,在很多城市流行私家别墅和庭院栅栏,多以木制板材为主。胡同如果没有坊墙防护,则是敞开的,会很不安全,如果设置了栅栏,则可起到一层屏障、保护作用。

在明清时代,为了防盗,很多街巷胡同口都会安装一些木制的或铁制的栅栏。这些栅栏白天开启,夜晚关闭。随着时代的更迭,老北京的这些栅栏都渐渐地消失了,有的成了地名,如"大栅栏"。

3. 上马石

"上马石",也被称为"下马石",是以马代步时代用来上马、下马的石头,大多左右对称地摆在宅门的两侧，它从侧面看巨石是"└"形，是一个有两步台阶（有的是三步，以两步居多）的石头，第一步台阶高约30厘米，第二步台阶高约60厘米，材质多为青石或花岗石。一般只有大户人家的宅门前才会设置上马石，因为并不是所有的人家都有马骑或可以骑马。

4. 水窝子

在老北京的一些胡同里，有一些水井，在水井的旁边，通常会有一些窝棚，这些窝棚就被称为"水窝子"。水窝子是看井并为大户人家挑水送水人住的地方。在清朝，胡同里的水井被称为"官井"，由兵营里的伙夫管理。清朝的统治结束后，原来管理水井的伙夫开始承租水井，成为"井主"，井主雇水夫送水，水夫则在水井旁搭建窝棚作为住处。

5. 拴马桩

拴马桩，顾名思义，就是用来拴马的桩子。常见的拴马桩有两种，一种是独立式的石柱或石碑，再一种是"石洞式"拴马桩，它固定在宅院倒座房的后檐柱上。拴马桩不仅是胡同宅院建筑的有机构成，也如门前的石狮一样，有装点建筑、炫耀富有、避邪镇宅的作用，所以被称为"小户人家的华表"。

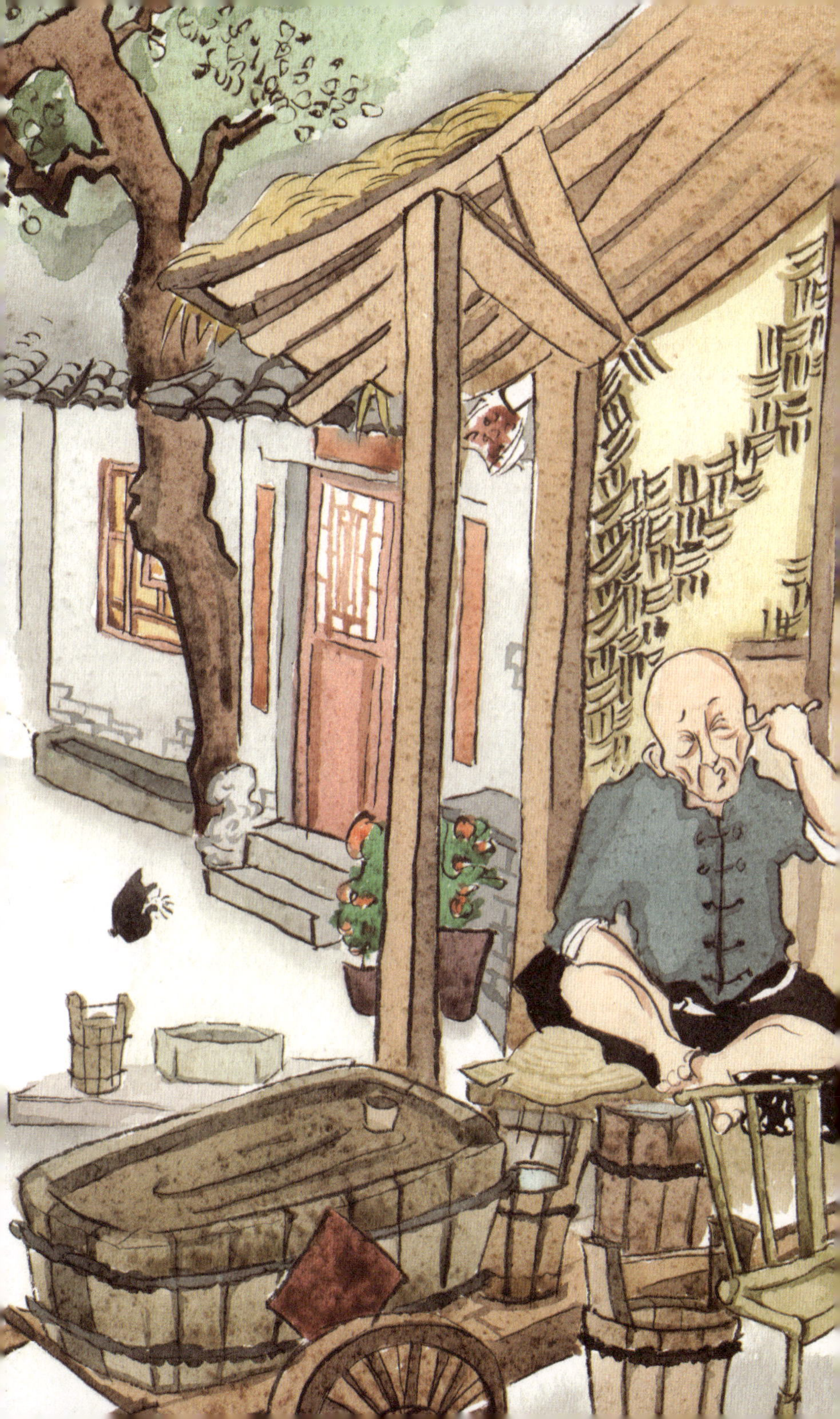

"京城第一大会馆"在哪里

北京的众多会馆,大小、规模不一,其中最大的是安徽会馆,因其建筑雕梁画栋、富丽堂皇、高阁飞檐、气宇轩昂、回阑清池、竹石垂杨,而被誉为"京城第一会馆",曾一度成为北京和安徽名流"朝夕栖止、交往聚议、欢歌宴饮"之处。

安徽会馆位于北京市西城区后孙公园胡同3号、25号和27号,是老北京城最著名的会馆之一,它始建于清朝的同治八年(1869年)。

在安徽会馆修建以前,在北京只建有安徽一些府、州、县的会馆,而没有安徽省全省的大型会馆。当时这些府、州、县的会馆规模较小,一旦遇上大型的集会,就要借用他省的会馆,非常不方便。清朝末年,以李鸿章为代表的安徽籍人以军功或科举考试得富贵、功名者甚多,他们迫切需要一所大型会馆作为安徽籍人在京活动的场所。

在清同治五年(1866年),当时李鸿章已经主政多年，安徽籍京官吴廷栋、鲍源深等人"以军功和乡谊得富贵者甚众"为由，联名倡议为联系同乡友谊在京城修建一所安徽省全省的大型会馆，即北京安徽会馆。清同治七年（1868年），该倡议得到了湖广总督李鸿章的重视，以李鸿章为首的安徽籍官员和淮军将领154人捐款集资，并于清同治八年（1869年）二月开始修建，最终在同治十年（1871年）会馆落成，耗资28000两白银。

初建成的安徽会馆规模非常小，后来又经历了两次扩建，才有了今天的规模。这两次扩建的时间分别是清同治十一年（1872年）和光绪十年（1884年）。和京城其他省籍的会馆不同的是，它既不是专为进京赶考的举子设立的，也不是促进工商业发展的行业会馆，而是专供安徽籍在职的州、县级官员和副参将以上的实权人物在京活动的场所。

除此之外，安徽会馆的建筑也非常有特色，属于庙堂式建筑，为中、东、西三路三大套院，每路皆为四进，还有清式戏楼、思敬堂、藤闲吟屋、龙光燕誉堂等，可谓富丽堂皇、气势宏伟。

安徽会馆原是明末清初学者孙承泽寓所"孙公园"

的一部分。其实在清朝的时候,除了孙承泽,还有很多名人曾经在安徽会馆居住过,如乾隆朝内阁大学士翁方纲、刑部员外郎孙星衍、以藏有甲戌本脂批《红楼梦》而闻名的刘位坦等。

除了这些名人曾经居住在这里外,晚清一些著名的事件也与该会馆有关。1895年,康有为和梁启超开展维新变法运动,当时他二人在北京创办的选登"阁抄"、翻译记录新闻、介绍西学的"万国公报"报社就设在这座会馆里。不仅如此,康有为所创立的中国近代史上第一个改革派的政治团体"强学会"的会址也设在这里。

湖广会馆的"前世今生"

在北京城中,会馆有很多,它们散落在京城的各个角落,仅西城就有十几处。在这数量众多的会馆中,能够用"传奇"二字来形容的,则非湖广会馆莫属了。

坐落在骡马市大街的湖广会馆始建于清嘉庆十二年(1807年),道光十年(1830年)重修,并增建戏楼,距今已经有两百多年的历史。在这两百年的历史中,发生在它身上的事儿有很多,赋予了它浓厚的文化内涵。它曾是清朝达官名流的故居,据史料记载,清乾隆嘉庆年间的很多朝廷重臣都曾在这里留下足迹,如纪晓岚等;中国民主革命的先行者孙中山先生曾五次来到这里开会;许多梨园界著名的表演艺术家如谭鑫培、余叔岩、梅兰芳等都曾经在这里登台献艺。

湖广会馆,原本是一座私人宅院,前后几易其主,最后由叶名沣将该宅院捐作湖广会馆,在经过几次扩建后,逐渐演变为一处京城名流聚会之地。

关于湖广会馆的前身,有很多传说故事,其中有

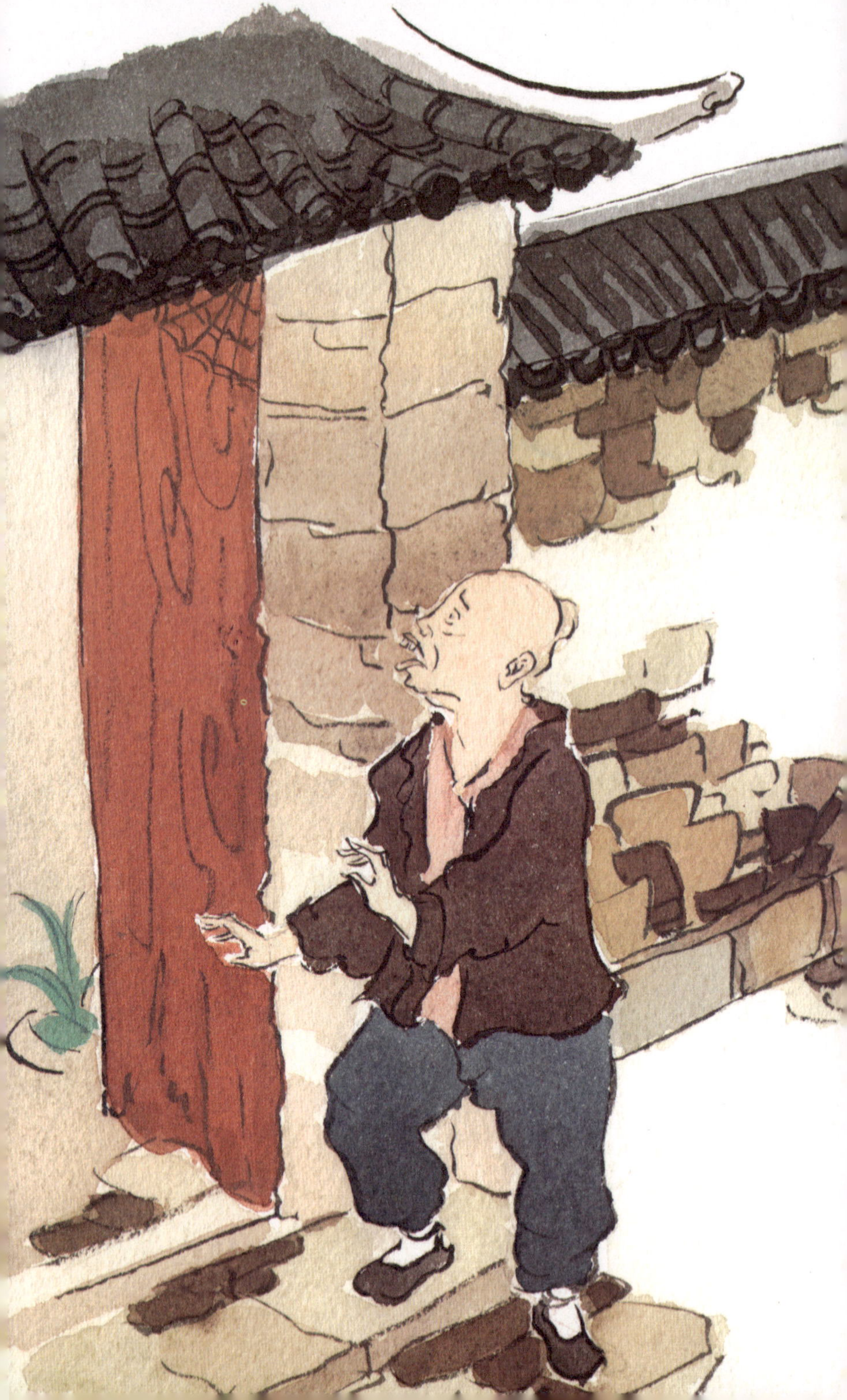

两个非常有名。

一个传说故事是说,此地原为乱坟岗子,后在民国初年有佛山大贾斥资建义庄,雇一面目骇人的麻风老人看管。自从该老人在此居住后,便将原来的夜夜鬼哭和粼粼

鬼火压了下去。后来老人无疾而终后，厉鬼重生，有行止不端或者不孝人家常见墙外无端扔来些石头瓦砾，并传来詈骂声，开门却杳无一人……因此湖广会馆也被称为"鬼宅"。因为这位老人身患麻风病，面目非常可怕，所以周围的老百姓都不敢跟他说话，老人的身份也永远成了谜……

另一个传说故事是说，此地曾是明朝宰相张居正的故宅，万历十年（1582年）张居正病逝。万历十一年（1583年）三月，明神宗下诏查抄张居正府第，张居正家饿死十余口，长子敬修自杀，三子懋修投井未死，保存了一条性命。明神宗在刑部尚书潘季驯的乞求下，为张居正留了一所空宅和十顷田，用以赡养张居正的八旬母亲。因张家人多是被冤死的，从此这里就被传说有冤魂出没。

经过百年的风吹雨打，湖广会馆风采不再，变得残破不堪。为了保护先人留下的宝贵遗产资源，1984年，政府公布湖广会馆为北京市文物保护单位。1996年对湖广会馆进行大规模的修复工作，重修后的会馆保持了原有的建筑风格，整体建筑古朴幽雅、阁楼宽敞，成为北京南城一道靓丽而特别的风景。

文学巨匠鲁迅先生曾在哪家会馆住过

在北京的众多会馆中,绍兴会馆比较有名,因为它与我国著名的文学家鲁迅先生有关。

绍兴会馆位于南半截胡同7号,始建于清朝的道光六年(1826年)。它在最开始的时候并非一座会馆,而是"山阴会稽两邑会馆",简称"山会邑馆",是山阴与会稽两邑京官联合捐资建成的。及至民国元年(1912年),山阴与会稽两邑被合并为绍兴县,山会邑馆也随之被改名为绍兴会馆。

绍兴会馆内建筑颇多,如补树书屋、贤阁、仰级堂、涣文萃福之轩、怀旭斋、一枝巢、藤花别馆、绿竹舫、嘉荫堂等。鲁迅先生当年就是住在其中的藤花别馆和补树书屋,一住就长达七年。

说起鲁迅和绍兴会馆的缘分,还不止这些,据说他的祖父在一次进京赶考时,也曾经住在绍兴会馆。他的祖父周福清点翰林,当年正是住在绍兴会馆待考候补。可以说，鲁迅正是在无意间追随了他祖父的足迹。由此可以说，周家与绍兴会馆的渊源很深。

据史料记载，1912年，我国著名的教育家蔡元培先生立志教育救国，大胆启用了一批有志教育的进步知识分子，鲁迅就是其中的一位。鲁迅进京后，第一个住所就是藤花别馆。在藤花别馆，他住了四年。

当时的鲁迅先生只是名义上担任着一个闲职。他整日地生活于一片苦闷和彷徨中，靠抄写残碑拓片消磨时光。可以说，居住在藤花别馆的这几年是他一生中最难熬的"蛰伏"期：青灯黄卷，冥思苦想。万幸的是，在那段愁闷的日子里，他还算有些知己好友陪伴自己，他们就是住在藤花别馆北侧的嘉荫堂的许寿裳兄弟二人。鲁迅经常和他二人一起去广和居聚餐，去琉璃厂淘书，给鲁迅先生带来了一些还算值得铭记的好时光。

及至1916年，鲁迅先生搬入了补树书屋。在这个书屋里，原本有一棵开淡紫色花朵的楝树，后来这棵楝树不幸折断，就补种了一棵槐树，所以有了"补树书屋"这个名称。正是在补树书屋里，鲁迅取得了重大的文学成就，创作了脍炙人口的作品，如《狂人日记》《孔乙己》《药》《一件小事》等著名小说和《我之节烈观》《我们现在怎样做父亲》等重要杂文,以及 27 篇随感录和 50 多篇译作。可以说,补树书屋是他的文学之梦开始腾飞的地方。

鲁迅在补树书屋,一住就是三年半,直至五四运动后,才搬出此地,迁入别处。及至 1926 年,鲁迅因支持北京学生的爱国运动,遭到军阀政府的通缉,这才离开北京,远赴厦门大学任教。

总的来说,鲁迅共在北京居住了十四年,其中有一

半时间是在绍兴会馆度过的。在那苦闷、压抑的七年里，他犹如一只化蛹的蚕，艰难而执着地咬破束缚着自己的厚重茧壳，咬破无边的夜幕，最终蜕变为一只自由的蝴蝶。他一生所提倡并身体力行的"韧的战斗"，就是从居住在绍兴会馆的那段时期开始的。

经过多年的变迁，如今的绍兴会馆已经难寻昔日的容颜。它如今被包围在一片高楼大厦里。若非门口墙上挂着的那块上书"绍兴会馆"字样的铭牌，几乎看不出它与其他大杂院的区别，只有红漆大门才能让人依稀从中看出曾经的模样。院子里凌乱地搭建了一些小房屋，如迷宫一般。当年鲁迅曾经办公和居住的地方，已经被分割成几户人家的住处，搭建的房屋杂乱地挤在一起，几乎已看不出当年的样子。

绍兴会馆虽然已经难寻昔日模样，但因鲁迅先生曾在这里生活、工作过，因而慕名来此参观、瞻仰、凭吊遗迹的人仍然不少。据居住在这里的一位老人家回忆："来这里找鲁迅的人很多，尤其是假期的时候，很多学生会来，也有一些来自日本、韩国的留学生，还有一些名人。但也只是看看而已，很多东西都没了，已经没有原来的样子。"

什刹海沿岸名人故居知多少

北京作为一个古老的文化之都，分布着很多名人故居，仅美丽的什刹海沿岸就有多处，如梅兰芳故居、宋庆龄故居、张伯驹故居、郭沫若故居、丁玲故居、马海德故居、梁漱溟故居、萧军故居、杨沫故居等。

梅兰芳故居。梅兰芳是我国著名的京剧大师，其故居位于护国寺街9号院，现如今为梅兰芳纪念馆，收藏着大量的珍贵文物资料。梅兰芳纪念馆，原本是清末庆亲王奕劻王府的一部分，中华人民共和国成立后经过修缮，梅兰芳搬到这里居住，一直住到去世。正是在这座幽静、安适的四合院里，梅先生度过了他人生的最后十年。梅兰芳逝世后，在该住所处建立了梅兰芳纪念馆，并于1986年对外开放。如今朱漆的大门上，还悬挂着邓小平亲笔书写的匾额"梅兰芳纪念馆"。

宋庆龄故居。宋庆龄是中华人民共和国名誉主席，其故居位于后海北沿46号，原本是清朝的醇亲王载沣也就是清末代皇帝溥仪之父的府邸，是一座非常古典的

园林,在园中种植着各种花草树木,还有各式各样的古典建筑,如畅襟斋、听鹂轩、观花室、恩波亭等,尽显中国古建筑之美。宋庆龄是从20世纪60年代开始在这里居住的,直至她去世。

张伯驹故居。张伯驹和张学良、溥侗、袁克文一起被称为"民国四公子",是一位集收藏鉴赏家、书画家、诗词学家、京剧艺术研究家于一身的"奇才名士"。张伯驹故居位于后海南沿26号,院子紧邻后海,环境清雅。张伯驹于20世纪50年代迁居于此,一直住到他

1982年去世。与其他的故居相比，风格非常独特。因为该故居并非典型的四合院结构，它坐南朝北，有五间北房，在院子的南部有一方亭和廊房。北房的东间是主人的卧室，西间是客房，居中三间是客厅兼画室。

郭沫若故居。郭沫若是我国伟大的文学家，其故居位于前海西街18号，是一座二进四合院，在其前院有小山和一株高大的银杏树，阶前的廊下，种植着蜡梅、海棠、紫藤等植物。如今的郭沫若故居为郭沫若纪念馆。

丁玲故居。丁玲是我国当代著名的作家、社会活动家，主要代表作是《太阳照在桑干河上》。丁玲故居位于大翔凤胡同3号。两排平房各踞南北，西面是一栋两层小楼，环境静谧优雅。丁玲晚年曾经在此居住，如今是《民族文学》杂志社所在地。

马海德故居。马海德是美国人，性病和麻风病专家。他早年即投身于中国革命，中华人民共和国成立后，协助组建中央皮肤性病研究所，致力于性病和麻风病的防治和研究。他毕生为这些患者解除病痛，为在中国消灭性病和在2000年全国争取达到基本消灭麻风病做出了贡献。其故居位于后海北沿24号，他是从20世纪50年代搬到这里来的。该院子呈坐北朝南方向，有五间北房，分别用作餐厅和卧室。东厢房是秘书室和客厅，西厢房是子女们的居室。

萧军故居。萧军是中国现当代著名作家，是"东北作家群"的领军人物，其故居位于西城区鸦儿胡同6号，是一栋砖木结构的两层西式小

楼，也是北京最古老的胡同建筑之一。萧军是在20世纪50年代初从沈阳迁到这里来的，当时这处宅院被称为"银锭桥西海北楼"。

梁漱溟故居。梁漱溟是我国著名的思想家、哲学家、教育家、社会活动家、爱国民主人士、著名学者、国学大师，主要研究人生问题和社会问题，现代新儒家的早期代表人物之一，有"中国最后一位儒家"之称。其故居位于西海西沿2号，歇山顶门楼、砖砌影壁，与近处的汇通祠相望，风景清旷。梁漱溟是在20世纪50年代，从借住的颐和园搬到这里来的。

田间故居。田间，原名童天鉴，安徽省无为市羊山村人，是我国著名的诗人，主要代表作有《未明集》《中国牧歌》《中国农村的故事》《给战斗者》等，享誉诗坛。他提倡诗歌要民族化、大众化、战斗化。为了更好地集中精力工作和写作，他在1954年用稿费购买了后海北沿38号院作为自己的居所，一直住到他逝世。田间故居是一座四合院，呈坐北朝南方向。北房五间，分别为书库、卧室、客厅。西厢房为办公室，东厢房为餐厅。

杨沫故居。杨沫是我国著名的作家，其主要代表作是俘虏了众多年轻人之心的长篇小说《青春之歌》，其中鲜明、生动地刻画了林道静等一系列青年知识分子形象。杨沫故居位于柳荫街29号，该院原本是涛贝勒府的一部分。建筑风格相对传统，院中放置着花坛，种植着一些老树。

老北京民居的典型代表——四合院

北京作为闻名世界的历史文化名城，因汇集了众多深厚的传统文化精华而闪烁着绚丽的光彩。其中，北京传统民居文化极其丰富，最有名的莫过于闻名中外的四合院建筑。

四合院，是华北地区民用住宅中的一种组合建筑形式，是一种四四方方或者是长方形的院落。它是老北京城市建筑的基本元素，《日下旧闻考》中引元人诗云："云开阊阖三千丈，雾暗楼台百万家。"这"百万家"的住宅，便是如今所说的北京四合院。

为什么叫"四合院"呢？因为这种民居有正房（北房）、倒座（南房）、东厢房和西厢房四座房屋在四面围合，形成一个口字形，里面是一个中心庭院，所以这种院落式民居被称为四合院。

　　北京四合院的历史非常悠久，可以追溯到元代。元代定都北京，大规模的建城计划便实施了，四合院便随着各种宫殿、衙署、街区、坊巷和胡同的兴建而出现了。据元末熊梦祥所著的《析津志》记载："大都街制，自南以至于北谓之经，自东至西谓之纬。大街二十四步阔，小街十二步阔，三百八十四火巷，二十九衖通。"这里所谓"衖通"也就是我们今天所说的胡同，胡同和胡同之间就是供臣民建造住宅的地皮。那个时候，元世祖忽必烈"诏旧城居民之迁京城者，以赀高（有钱人）及居职（在朝廷供职）者为先，乃定制以地八亩为一分"，分地给迁至北京来的官吏们建造宅第，北京传统四合院住宅由此开始大规模地在北京兴建。

　　后来发展到明清时代，北京四合院虽然经历了各种起起落落，但其基本的结构模式已经形成，并且在后来的发展过程中得到不断的完善和更新，最终形成了我们今天所见的四合院模式。

　　北京有众多的四合院，有大有小，但无论规模大小，都是由一个个四面房屋围合的庭院组成的。最简单的四合院只有一个院子，比较复杂的有两三个院子，富

贵人家居住的深宅大院通常是由好几座四合院并列组成的，只是在中间用一道墙隔开。

总的来说，四合院可分为大四合、中四合、小四合三种，其中，小四合与中四合一般是普通老百姓的住宅，而大四合则是府邸、官衙用房。

针对大四合院，京城的老百姓喜欢称呼它们为"大宅门"。这种大宅门的房屋设置有多种形式，有的是五南五北，有的是七南七北，有的有九间或者十一间大正房，通常为复式结构，即由多个四合院横向纵深相连而成。大四合院的院落非常多，有前院、后院、东院、

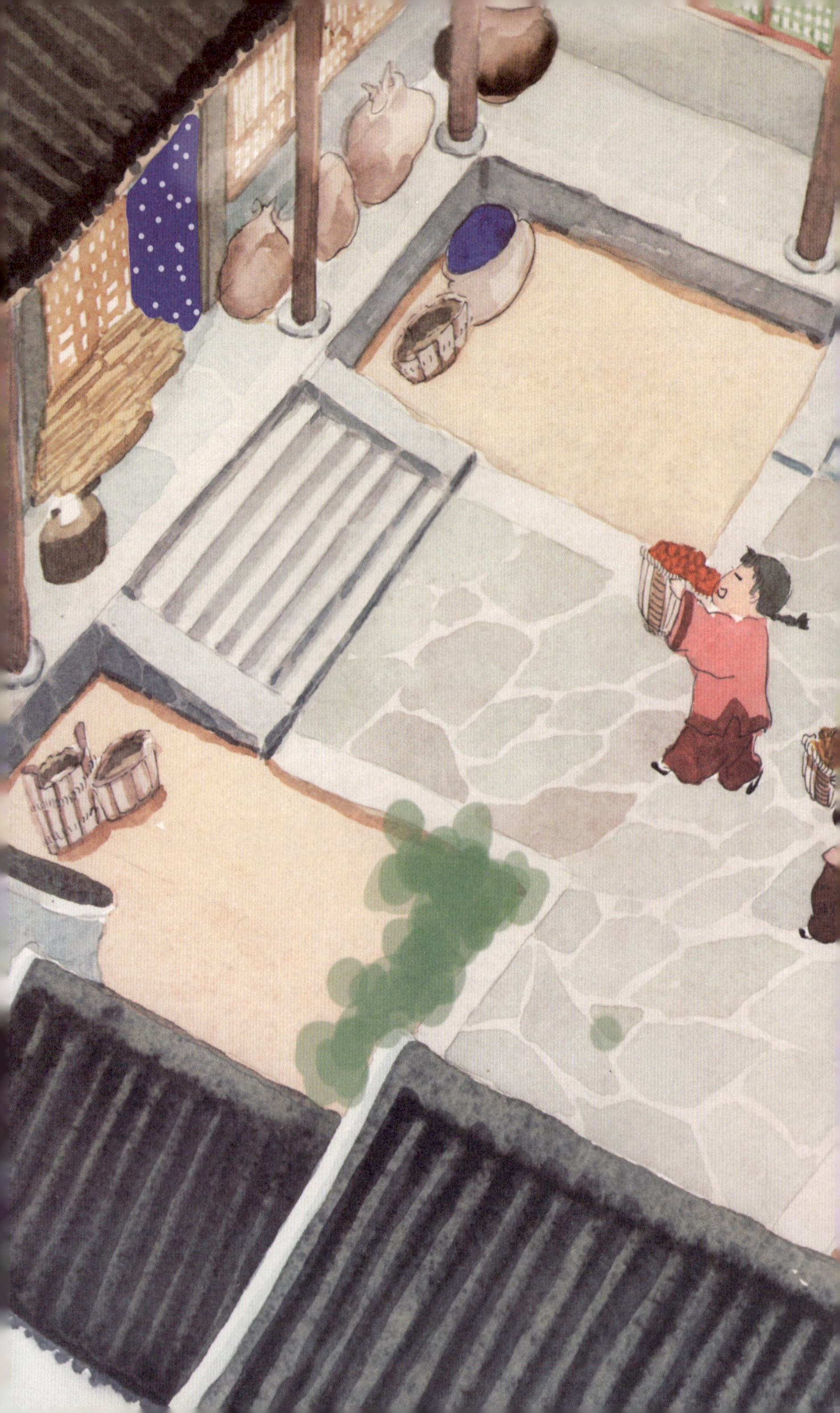

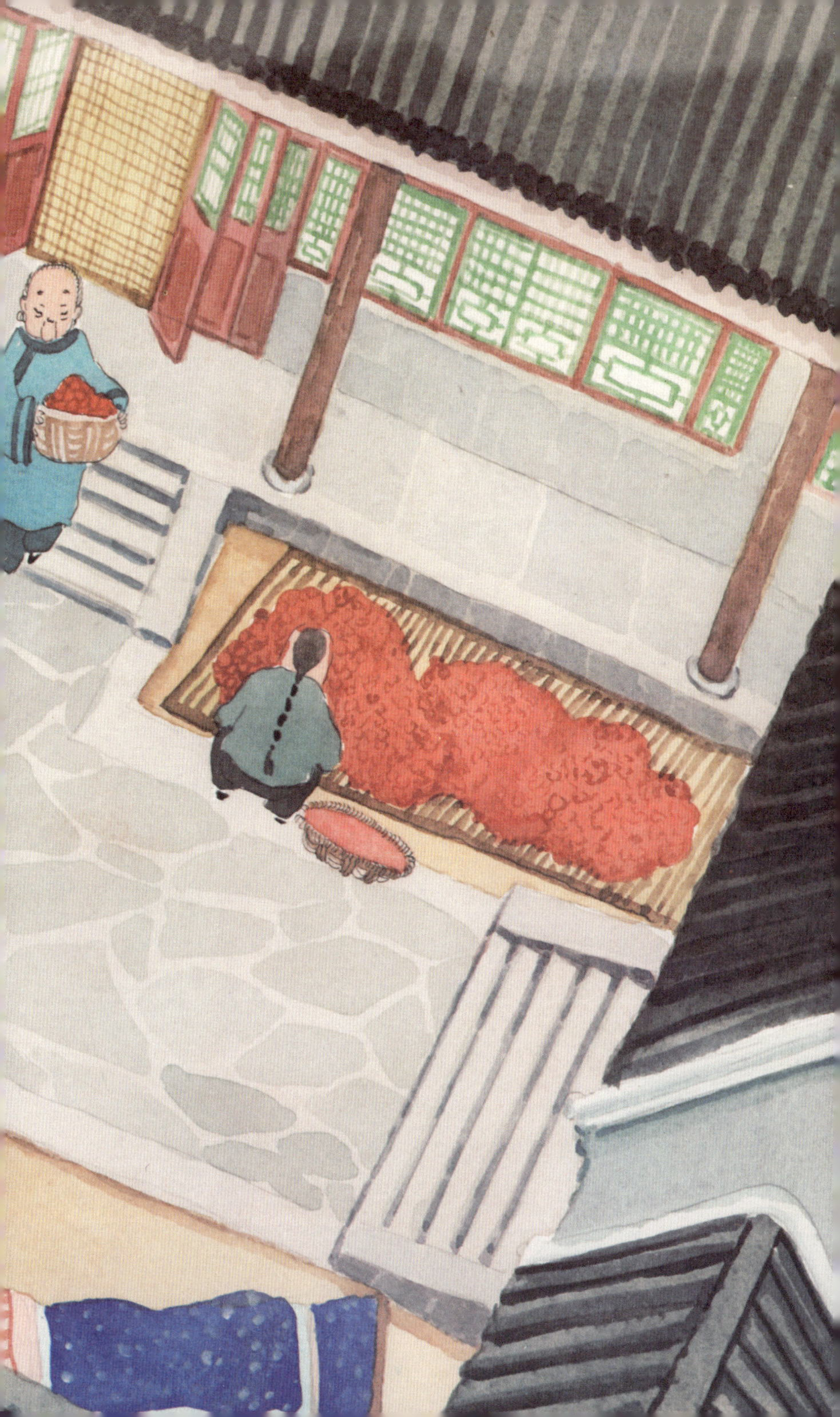

西院、正院、偏院、跨院、书房院、围房院、马号、一进、二进、三进等，面积非常大。而中四合，从房屋设置上来说，通常是北房五间，三正两耳，东、西厢房各三间。其院落主要有前院（外院）、后院（内院），院墙以月亮门相通。小四合院的院落相对少，占地面积不大，通常为北房三间，一明两暗或者两明一暗，东西厢房各两间，南房三间。

四合院与其他民居一个最重要的区别在于它的结构。四合院的结构非常独特，首先在于它的院子非常宽敞，在院中可以种花养草、饲鸟养鱼，四面房屋各自独立，又有游廊连接彼此，起居十分方便；其次，它的每间房子都具有私密性，这种封闭式的住宅使四合院具有很强的个人空间感，住户将自家的门关起来就自成一片天地了；最为重要的是，四合院住房分间分房、布局非常合理，通常是老人住北房（上房），中间为大客厅（中堂间），长子住东厢，次子住西厢，佣人住倒房，小姐、女儿住后院，各人之间相互不影响，氛围其乐融融。

正是因为四合院既美观又实用，所以，老北京人往往将四合院作为北方民居的最典型代表形式。

"大门不出,二门不迈"的"二门"指的是四合院的哪道门

在电视剧中或者小说里,我们常听到或见到这么一句话,即"大门不出,二门不迈"。

那"二门"指的是四合院的哪道门呢?

其实,"二门"指的是垂花门。提起垂花门,住过四合院的人都非常熟悉。它虽然是四合院里的一道门,但不是一道普普通通的门,而是一道很有讲究的门。通常位于院落的中轴线上,它的两侧连接着抄手游廊,把院落分为内外两部分。以内的部分是正房、厢房、耳房以及后灶房等所在,属于内宅,主要供家人生活起居所用,一般不允许外人进入;以外的部分是倒座房、厅房及其所属院落所在,属于外院,主要用来接待外来宾客,相当于如今我们所称的"客厅"。传统四合院用色讲究谐调、淡雅,整个院落建筑多为材料本色,唯有这个垂花门装饰得五彩缤纷,在门旁两侧的垂花柱,更是形态各异。除非红白喜事、贵客光临以及逢年过节,垂

花门一般是不打开的。

之所以被称为垂花门，是因为其外侧的檐柱并不落地，而是倒垂于半空，叫作"占天

不占地",柱子下端是一对垂珠,雕饰出莲瓣、串珠、花萼云或石榴头等形状,酷似一对含苞待放的花蕾,所以被称为垂花门。在四合院中众多的门之中,垂花门是其中装饰得最为美丽的门,是四合院的门脸,代表着整个四合院的品位。垂花门作为内宅的宅门,是四合院主人社会地位和经济地位的重要标志之一。说起垂花门的考究和

美丽，那简直可以说是中国建筑精华的集锦，几乎包含了构成中国建筑的各种要素、构件、装修手法等，屋顶、屋身、台基、梁、枋、柱、檩、椽、望板、封掺板、雀替、华板、门簪、联楹、版门、屏门、抱鼓石、门枕石、磨砖对缝的砖墙等一应俱全。

其实，垂花门除了作为四合院的门脸这一装饰功能外，还有其实用性。

它是四合院的屏障。屏障功能是垂花门的主要功能。四合院主人为了保证内宅的隐秘性，通常都会在垂花门内一侧的两根柱间再安装一道门即"屏门"。关于这座屏门，只有在举办重大家族仪式如婚、丧、嫁、娶时才会开放，其他时候都是关闭的。日常生活中，人们出入垂花门时，不走屏门，而是走屏门两侧的侧门或通过垂花门两侧的抄手游廊到达内宅。该屏障功能，起到了沟通内宅外院、严格划分空间的作用。

除了具备屏障功能外，垂花门还具备防卫功能，因为在它向外一侧的两根柱间还安装着一道被叫作"棋盘门"的门，这道门比较厚重，与街门很相似，通常在白天的时候开启，在晚上的时候关闭，有效地保证了四合院的安全。

"中华第一吃"全聚德知多少

说到全聚德,就让人想起烤鸭;想起全聚德烤鸭,有人就垂涎欲滴。

全聚德,被称为"中华第一吃",创建于清同治三年(1864年),创始人杨寿山,字全仁,河北人。杨寿山刚从河北来到北京时,在前门外肉市街做生鸡生鸭买卖,深谙贩鸭之道,生意做得非常红火,再加上他过日子省吃俭用,积攒了不少银两。杨寿山每次出摊时,都会路经一家干果铺,名叫"德聚全"。这间铺子地理位置优越,招牌也醒目,本应门庭若市,生意红火,但其生意却不好,很少有人光顾。到了同治三年(1864年),经营状况更是不佳,近乎倒闭关张。精明的杨寿山把这一切都看在了眼里,便拿出这几年贩卖鸡鸭的积蓄,盘下了"德聚全"的店铺。

我们都知道,以前的钱庄、商店、客栈、商行等都会有自己的字号,杨寿山有了店铺之后,也想给自己的店铺起个字号,考虑半天也没有个定论,便请了一个

风水先生前来商议,看看先生有没有什么高见。风水先生来到店铺中,在铺中转了两圈,对店铺的风水走向是大赞,并告诉杨寿山如果把旧字号"德聚全"倒过来,起名"全聚德",除其先前晦气,前程将不可限量,生意必将红火。杨寿山听后非常满意,便把店铺名定为"全聚德"。后来请了一位颇有名气的秀才钱子龙,书写了"全聚德"三字,制成金字匾额挂在门楣之上。

"全聚德"闪光的金匾,一挂就是百余年,细心的朋友会有疑问,怎么匾额上的"全聚德"之"德"字少一笔横呢?

有人说杨寿山创店之时,为了让大家齐心协力把店铺的生意做大,故意让秀才钱子龙少写一笔,寓意大家心上不能安一把刀,要安心干活。还有人说是钱子龙笔误,杨寿山把秀才请来后,便好菜好酒款待,谁知这秀才不胜酒力,写字时精神恍惚,漏写了一笔。当然这

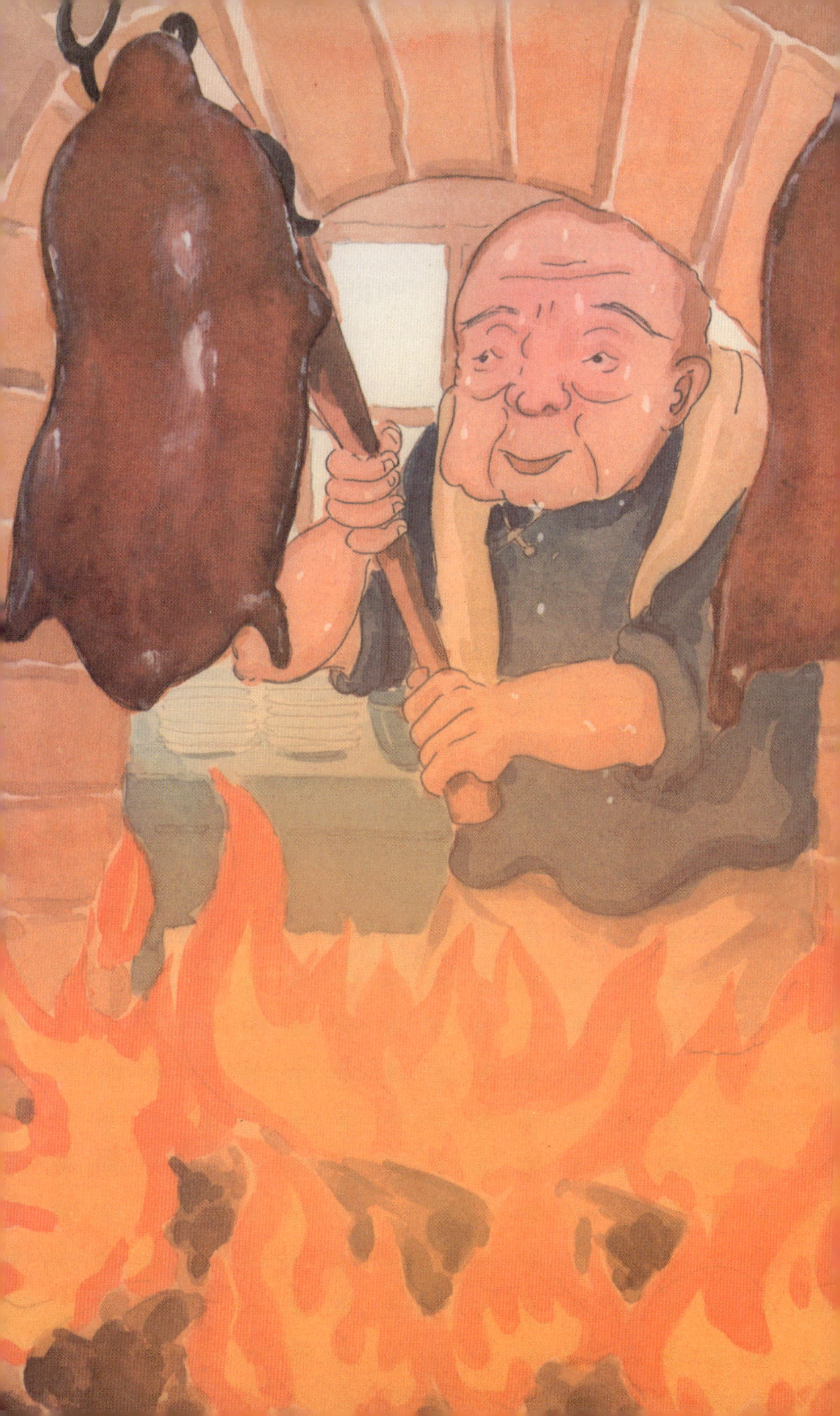

些都是传说，无从考证。其实，"德"字在古代可以有一横，也可以没有这一横，喜欢书法的朋友可以在唐宋元明清一些书法家的笔迹中印证这一点。北宋真宗年间铸造的货币"景德通宝"的"德"字就没有横，而明宣宗年间铸造的货币"宣德通宝"的"德"字就有横。可见，"德"字有没有一横都可以认为是正确的。

全聚德在杨寿山的精心经营下，生意蒸蒸日上，正应验了风水先生的那句话。为了让生意更加兴隆，杨寿山花重金把在宫廷做御膳挂炉烤鸭姓孙的老师傅请到全聚德，孙师傅对挂炉做了一些改进，烤出的鸭子不仅丰盈饱满、颜色鲜艳，而且皮脆肉嫩、鲜美酥香，为全聚德烤鸭赢得了"京师美馔，莫妙于鸭"的美誉。

如今的全聚德，不仅以烤鸭享誉海内外，全聚德的厨师在制作烤鸭的同时，还利用鸭的舌、脑、心、肝、胗、胰、肠、脯、翅、掌等为主料烹制的不同美味菜肴，形成了以芥末鸭掌、火燎鸭心、烩鸭四宝、芙蓉梅花鸭舌等为代表的"全聚德全鸭席"。现在，作为中华老字号的"全聚德"不仅仅是在做生意，它还在传播中华民族的饮食文化。

稻香村的名称由来

北京稻香村始建于清光绪二十一年（1895年），创办人叫郭玉生，始建于前门外观音寺，时称"稻香村南货店程南店"，主要生产南味食品，属京城第一家，而且颇具特色，前店后厂，被称为"连体店"。1926年曾被迫关张，1984年复业，复业后的"稻香村"继承了南味食品的传统工艺，坚持"诚信为本、顾客为先"的服务理念，以"发展传统的民族食品工业，为社会创造价值"为企业历史使命，在北京迅速发展。至今，已经拥有22个直营店、24个加盟店、一个食品配送中心及位于昌平区北七家高科技工业园的加工厂。

而且稻香村经营的产品种类也不再单一，不仅有精细考究的各式糕点，还有新鲜而且香气扑鼻的熟肉及豆制品制成全素宫廷菜、干果之类。稻香村营业部每天门庭若市。

在20世纪20年代左右，除了北京的稻香村，天津也出现了带有"稻香村"字样的糕点店，例如明记

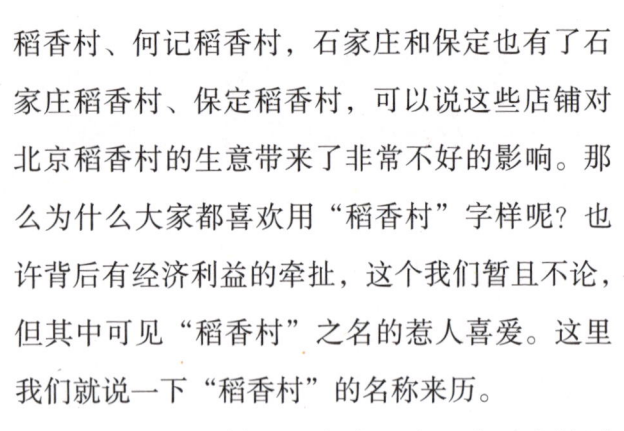

稻香村、何记稻香村，石家庄和保定也有了石家庄稻香村、保定稻香村，可以说这些店铺对北京稻香村的生意带来了非常不好的影响。那么为什么大家都喜欢用"稻香村"字样呢？也许背后有经济利益的牵扯，这个我们暂且不论，但其中可见"稻香村"之名的惹人喜爱。这里我们就说一下"稻香村"的名称来历。

关于"稻香村"的由来，有一个具有神话色彩的传说。据说，在江苏有一个小店，经营熟食生意，生意清淡，勉强糊口。突然一天晚上，店里来了一位讨饭的瘸腿汉子，老板心善，见此人残疾，觉得非常可怜，就送了些东西给他吃，并在店内一个角落里铺上稻草，留其住宿。第二天清早，瘸腿汉子却不辞而别，老板便把他睡过的稻草拿去烧火煮肉，谁知煮出的肉竟然香味扑鼻。于是老板便大肆宣扬，说瘸腿汉子不是凡人，而是"八仙"之一的铁拐李下凡，遂将店名改为"稻香村"。从此，他的生意逐渐兴旺，其字号"稻香村"也被人争相使用。郭玉生知道此事后，1895年，便带着几个熟知南味食品制作工艺的伙计北上京城，开创了生产经营南味食品的"第一家"，店名就叫"稻香村"。

　　上面这个传说故事流传得最广。其实，除了以上这种说法外，还有另外其他的说法。有说，"稻香村"之名取自曹雪芹的《红楼梦》中大观园的稻香村。也有说"稻香村"之名缘于"一畦春韭绿，十里稻花香""稻花香里说丰年，听取蛙声一片""新城粳稻，五里闻香"等诗词。还有人说稻香村之名来自徐珂的《清稗类钞》，因为书中有云："稻香村所鬻，为糕饵及蜜饯花果盐渍园蔬诸食物，盛于苏。"关于稻香村的名字来历，至今未形成统一说法。不管到底哪种说法是真的，仅从这些诗词就可以看出，用"稻香"二字做糕点铺的字号，的确美妙，形色味兼具，这也难怪有那么多的人喜欢用"稻香村"之名了。

王致和臭豆腐的由来

北京的老字号中，一提起王致和，几乎没有人不知道的，尤其是它的臭豆腐，更是无人不知，无人不晓。

相传康熙年间，王致和赴京应试落第后，决定留在京城，一边继续攻读，一边学做豆腐以谋生。夏季的一天，他所做的豆腐剩下不少，只好用小缸把豆腐切块腌好。但日子一长，他竟忘了这缸豆腐，等到秋凉时想起来，腌豆腐已经变成了"臭豆腐"。王致和十分懊恼，正欲把这"臭气熏天"的豆腐扔掉时，转而一想，虽然臭了，但自己总还可以留着吃吧。于是，就忍着臭味吃了起来，然而，奇怪的是，臭豆腐闻起来虽有股臭味，吃起来却非常香。

于是，王致和便拿着自己的臭豆腐去给自己的朋友吃。好说歹说，别人才同意尝一口，没想到，所有人在捂着鼻子尝了以后，都赞不绝口，一致公认此豆腐美味可口。王致和借助这一错误，改行专门做臭豆腐，生意越做越大，而影响也越来越广。清末时，连

慈禧太后也慕名前来尝一尝美味的臭豆腐,并对其大为赞赏。

从此,王致和臭豆腐身价倍增,还被列为御膳菜谱。

天福号酱肘子的传奇故事

"天福号"是具有280余年历史的"中华老字号"，始创于清乾隆三年（1738年），创始人是山东人刘凤翔。天福号最负盛名的是其酱肘子，曾经九城闻名，家喻户晓。肘子色呈糖色，皮贴在肉上，提拉起来不碎不散，肥而不腻，瘦而不柴，皮不回性，到口酥嫩。

乾隆三年，刘凤翔带着子孙北上京城谋生，期间结识了一位山西客商，凭着自己的做酱肉的手艺，便与山西客商合伙在西单牌楼东拐角处开了一家酱肉铺，主要经营酱肘子、酱肉和酱肚。由于店堂狭小，又无名无号，大家都不是很认可，所以生意一直不景气。山西客商觉得这次投资不能给自己带来收益，便撤股了，店铺由刘家独自经营。有一天，刘凤翔到市场进原料，在旧货摊上看到一块旧匾，上书"天福号"三个颜体楷书，笔锋苍劲有力。刘凤翔认为"天福号"含有"上天赐福"之意，作为店铺字号再好不过，于是他便买下牌匾，重新上漆，把牌匾粉饰了一遍，挂于酱肉铺的门楣上。有了字号的店铺，顾客渐渐多了起来，生意日渐兴隆，天福号也在京城有了名气。

有一次，刘凤翔的后人刘抵明夜间守灶，由于白天工作了一天，身心疲惫，夜间又无人与他聊天打发漫

漫长夜，便打起了瞌睡，不知不觉就睡着了。等醒来时，发现锅里肘子煮过了，无法上柜，顿时急得满头大汗，急忙把师傅叫醒，看有什么办法能够找补回来，师傅对他也是一顿埋怨，也没有什么好办法，便往锅里加汤加料，希望明天能够上柜。就这样折腾到天亮，肘子出锅时，和原来的样子完全不一样，而且味儿也跟从前的大不相同，勉强上柜，这时刘抵明直揪心，怕那些老主顾不认。正犯嘀咕时，一位经常买天福号肘子的刑部官员前来买肘子，看到与原来有些差别的酱肘子，便当场尝了一下，吃过后连声称好，不吝赞美之词，完全出乎刘抵明的意料。此后，刘抵明便如法炮制，结果大受欢迎。

勤于钻研的刘抵明认真研究，总结出一套独特的制作方法，并在选料、加工上严格把关。从此以后，酱肘子的质量越来越好，天福号的名气也越来越大，有好几位达官显贵和刑部大臣一道，成了"天福号"的老主顾，就连清宫里的慈禧太后也叫人专门来买酱肘子了。慈禧老佛爷吃后觉得天福号酱肘子又酥又嫩，不腻口不塞牙，一个劲儿地夸好。为了每天能尝鲜儿，慈禧便赐给天福号一块进宫的腰牌，规定每天按时按量把肘子送进宫，天福号的酱肘子遂成了清王朝的"贡品"，从此，名扬京城。

老字号鹤年堂的故事

说起北京的老字号,最古老的当属位于菜市口的"鹤年堂"了,距今已经有600多年的历史。在民间素有"丸散膏丹同仁堂,汤剂饮片鹤年堂"的美誉。

鹤年堂成立于永乐三年(1405年),地址在现西城区菜市口大街铁门胡同迤西路北,与牛街相邻,与丞相胡同相对,由著名诗人、医学养生大家丁鹤年创建。

丁鹤年出身医药世家,深得中医药之精髓,养生之真谛。当时,战乱不断,百姓生活在水深火热之中,再加上瘟疫肆虐,疾病横行,百姓生活更是困苦不堪。丁鹤年便立下了一个志向,即成为一名好医者,不再让百姓受疾病的折磨。在行医的过程中,他还积累了许多民间验方,并收集了许多民间中草药。而且,在行医治病的同时,他还与一些名人隐士谈诗论道,切磋医理,探讨养生之法。他以自己的医疗实践经验对中医学核心理论——阴阳学说进行分析研究,并逐步有了自己的一些独到的见解和认识。等天下安定之后,1405年,

鹤年堂

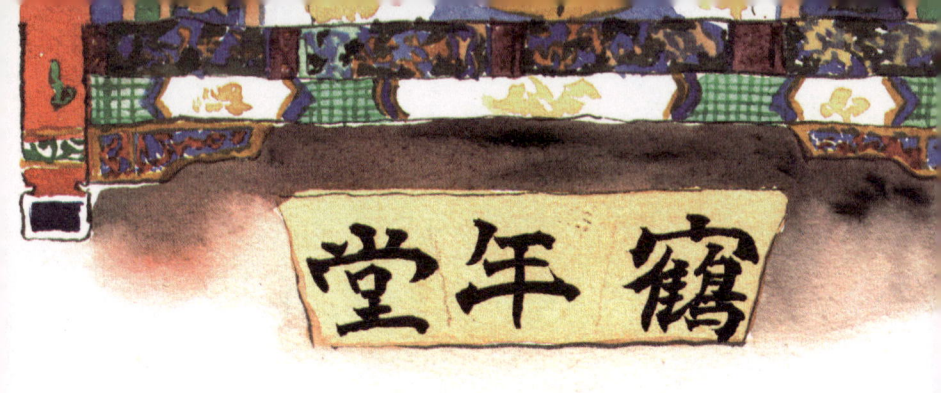

　　七十岁高龄的丁鹤年便开始实现自己当年的大志，在牛街附近的菜市口创办药铺，取汉族民俗"松鹤延年"之意，以自己的名字为药铺起名为鹤年堂。

　　鹤年堂立店以后，以其丰富的养生理论和方法充分发挥了中医药的作用，效果显著，深受历朝历代皇亲国戚、名人嘉士及庶民百姓的推崇。其中有名的，就是抗

倭英雄戚继光，为称赞鹤年堂药材品质之精良、药方之经典，写下"撷披赤箭青芝品，制式灵枢玉版篇"。还曾亲笔书写体现鹤年堂养生理念精髓的两个牌匾"调元气"和"养太和"。这两个牌匾中间悬挂的是"鹤年堂"匾额。相传，此匾的三个大字"鹤年堂"是明朝首辅、权倾朝野的严嵩亲笔手书。经过多年的发展，鹤年堂的养生理论和方法更加丰富和完善，逐渐形成了食养、药膳、动调、中医诊疗于一体的中医药养生体系。2005年年底，国家有关部门正式宣布鹤年堂为"京城养生老字号，历史悠久第一家"，并颁发了匾额和证书。

　　有着600多年历史的鹤年堂，有着许多的历史典故和传说。其中有一个是关于血馒头的故事，说起这个故事，就不得不说一下鹤年堂所处的位置——菜市口。菜市口早在唐朝就是个闹市区，到了明清，更是热闹，商铺茶楼林立，终日行人不断。而且好多名人都与其沾点边，严嵩、杨椒山宅邸都在附近；曾国藩、左宗棠、刘光第、蔡元培等曾住在原菜市口胡同；李大钊曾在胡同内创办《晨钟报》。谭嗣同、鲁迅、康有为等故居都在附近，与鹤年堂近在咫尺。鹤年堂就处在这个文人、政坛名流汇集的闹市区的中心地段，招牌非常醒目，据载，一度被作为方位物，有"看见鹤年堂就算进了北京城"之说。

有人问了，这菜市口和血馒头、鹤年堂有什么关系呢？

我们知道，在中国历史上，将闹市作为法场历史悠久，那么如此热闹的菜市口也不例外。据说，官府在杀人的前一日，会派人告知鹤年堂，让鹤年堂第二日不得营业，备足酒菜，并告诫其切勿外传。到了第二天，监斩官、刽子手便先在鹤年堂里大吃大喝，待酒足饭饱后，才放置监斩台。到了午时三刻，监斩官只朱笔一圈，犯人便人头落地。此时，有的刽子手便用一个大馒头塞入死者的脖腔，其实这是一些犯人的家属的迷信做法，以防死者人头落地之时鲜血溅出，而阴魂不散，便在事前买通刽子手帮忙这么做的。刽子手一般行刑之后，会向鹤年堂要点安神药，而围观的群众常常是拥到法场中间，争抢绑犯人的绳子，据说拴牛拴马不会惊；有的则抢监斩官的朱笔，说此笔有驱魔避邪的作用；还有的抠取死者腔中染着鲜血的馒头，认为对治疗痨病有奇效。我们都读过大家鲁迅的小说《药》，里面就有类似的场景，相传鲁迅创作这篇小说时化用了这个故事。

你了解同仁堂的发展历史吗

提起中药,就会让人想到同仁堂。同仁堂创办于清康熙八年(1669年),历经数代、载誉300余年。自雍正元年起,开始向清皇宫御药房供给药材,历经八代皇帝,长达188年,如今已经发展成为跨国经营的大型国有企业——同仁堂集团公司,全国中药行业著名的老字号。

同仁堂的创始人是乐显扬,号尊育,祖籍浙江。乐显扬祖辈就开始行医。明永乐年间,他的曾祖父举家迁到北京,手摇串铃,奔走在大街小巷,行医卖药,在当时被称为"铃医"。到乐显扬已经是乐家第四代传人。清朝初期,乐显扬出任清皇宫太医院的吏目,期间收集了大量的民间验方、家传秘方及宫廷秘方。康熙八年,乐显扬辞官回家,在西打磨厂筹备创建了一个药室,由于他认为"同仁二字可以命堂名,吾喜其公而雅,需志之",便为药室取名为"同仁堂"。

1702年,乐显扬的第三子乐凤鸣将药铺迁至前门大栅栏路南。乐凤鸣恪守祖训，持续祖业，在宫廷秘方、民间验方、家传配方基础之上，总结制药经验，写成《乐氏世代祖传丸散膏丹下料配方》一书，并提出训条："炮制虽繁必不敢省人工，品味虽贵必不敢减物力。"这使得同仁堂名声大振。1723年，皇帝钦定同仁堂供奉清宫御药房用药，独办官药。1900年，八国联军入侵北京，同仁堂药店被毁，损失巨大，经营状况艰难。

随着解放战争的一个个捷报，中华人民共和国成立前夕，乐氏第十三代传人乐松生接任同仁堂经理。1949年，同仁堂获得新生，重新装修店面。1954年，乐氏第十三代传人乐松生带头申请公私合营，并成为同仁堂合营后的首任经理。1957年，同仁堂有一创举，开设中药提炼厂，实行中药西制。

1989年，国家工商行政管理局商标局将全国第一个驰名商标授予同仁堂。同年，"同仁堂"商标成为马德里国际注册的商标。

同仁堂以"弘扬中华医药文化，领导'绿色医药'潮流，提高人类生命与生活质量"为自己的使命。1991年，同仁堂制药厂荣升为国家一级企业，次年七月，中国北京同仁堂集团公司组建成立。

而今，同仁堂已经是规范化经营的责任有限公司，拥有现代制药业、零售商业和医疗服务三大板块，境内、境外两家上市公司，零售门店800余家，海外合资公司（门店）28家。

　　北京人买药，就认同仁堂，外地人到北京旅游观光，也喜欢到同仁堂看看这百年老店。同仁堂作为中华老字号，似一个中药文化博物馆，她带给人们的不只是一种产品，而是一种文化——重义、爱人、厚生的文化。

张一元茶庄是如何发展起来的

说起张一元茶庄，老北京人有一句顺口溜，说：吃点心找正明斋，买茶叶认张一元。可见百姓对张一元的认可。

张一元是北京著名的老字号，始建于清光绪二十六年（1900年），已有百余年的历史，创始人张昌翼，字文卿，原籍安徽省歙县定潭村。起初，店铺开在花市，起名"张玉元"，1906年在前门大栅栏观音寺开设的第二家店，才取名"张一元"，店名取自"一元复始，万象更新"之意，寓意开业大吉，不断地发展创新。1908年在前门大栅栏街开设了第三家店，同样取名"张一元"，称"张一元文记"茶庄。

开了茶庄后，为了使买卖永远兴旺发达，不会衰落，张昌翼在福建开办茶场，并亲自熏制。他根据京城及北方人的口味，进行窨制、拼配，逐渐形成了具有汤清、味浓、入口芳香、回味无穷等特色的茉莉花茶。而且，张一元茶庄茶叶品种齐全、质优而价廉，对待顾客态度和气，这些都深得老百姓认可。自然，茶庄的生意是非常红火，直到张昌翼去世，虽然委托给外人代管经营，但经营状况也毫不逊色。

然而，1937年七七事变后，北京沦陷，各行各业都开始凋敝，张一元茶庄的经营便开始萧条下来，尤其是1947年的一场大火，让茶庄损失惨重。为了生计，店员便到街上去摆摊经营，直到中华人民共和国成立后，1952年，观音寺张一元茶庄与大栅栏的张一元文记茶庄合并，才得以继续发扬老字号的优良经营传统，并在保证茶叶质量情况下，对茶叶品种进行了更新、改造、调整、增加，受到消费者的欢迎。

1992年，以张一元茶庄为主成立了北京市张一元茶叶公司。公司成立后，不断创新经营，把握市场，并逐渐掌握消费结构的发展方向，多方努力，使茶庄的传统风格重新得到恢复和发展，弘扬了张一元老字号传统。

至今，茶庄还有"金般品质，百年承诺""一元复始，万象更新"老店的遗风，张一元仍然不断地努力，让中国的茶文化发扬光大，与中国的茶人一起，做有品质的茶，有文化内涵的茶，让中国茶的香味飘满世界。

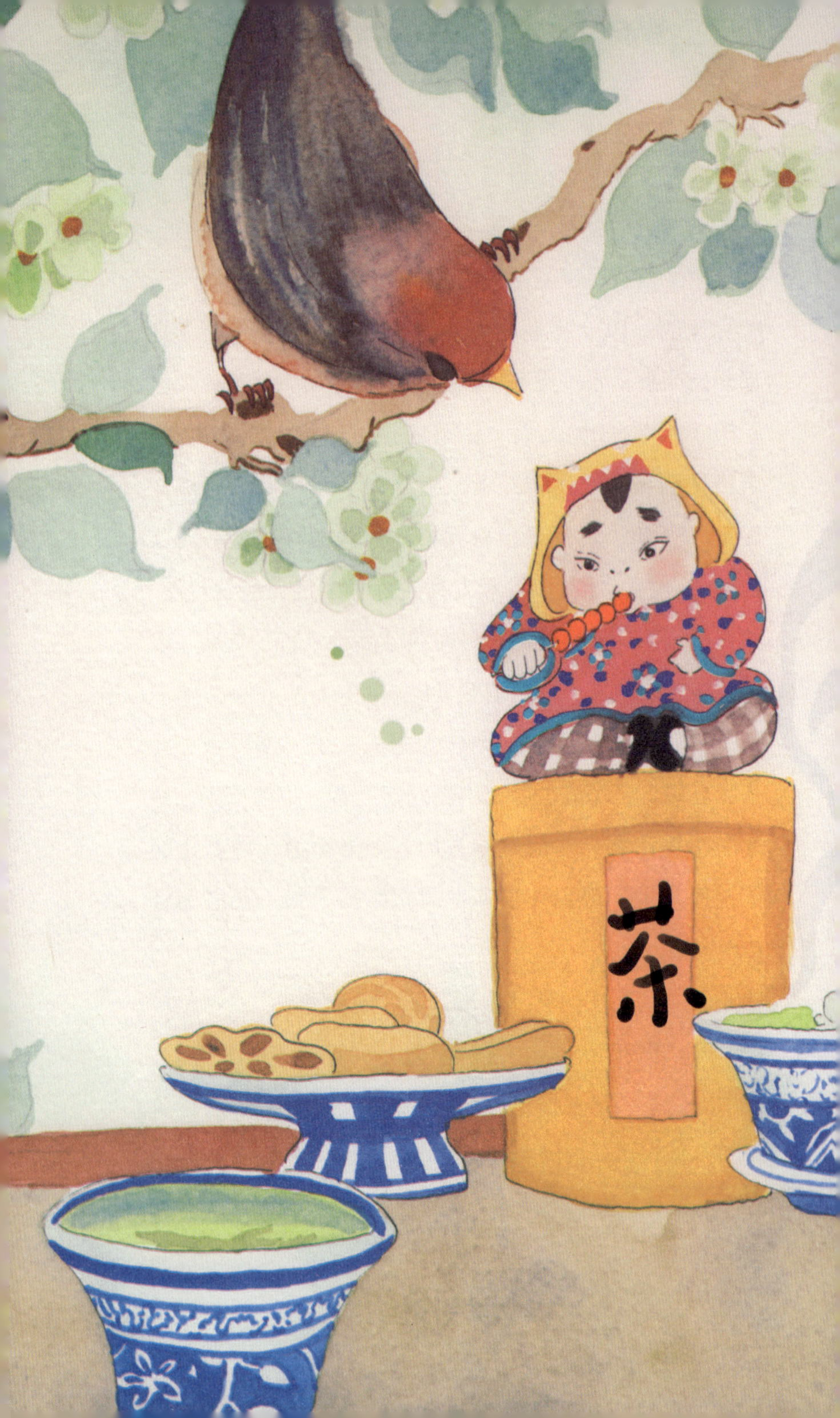
茶

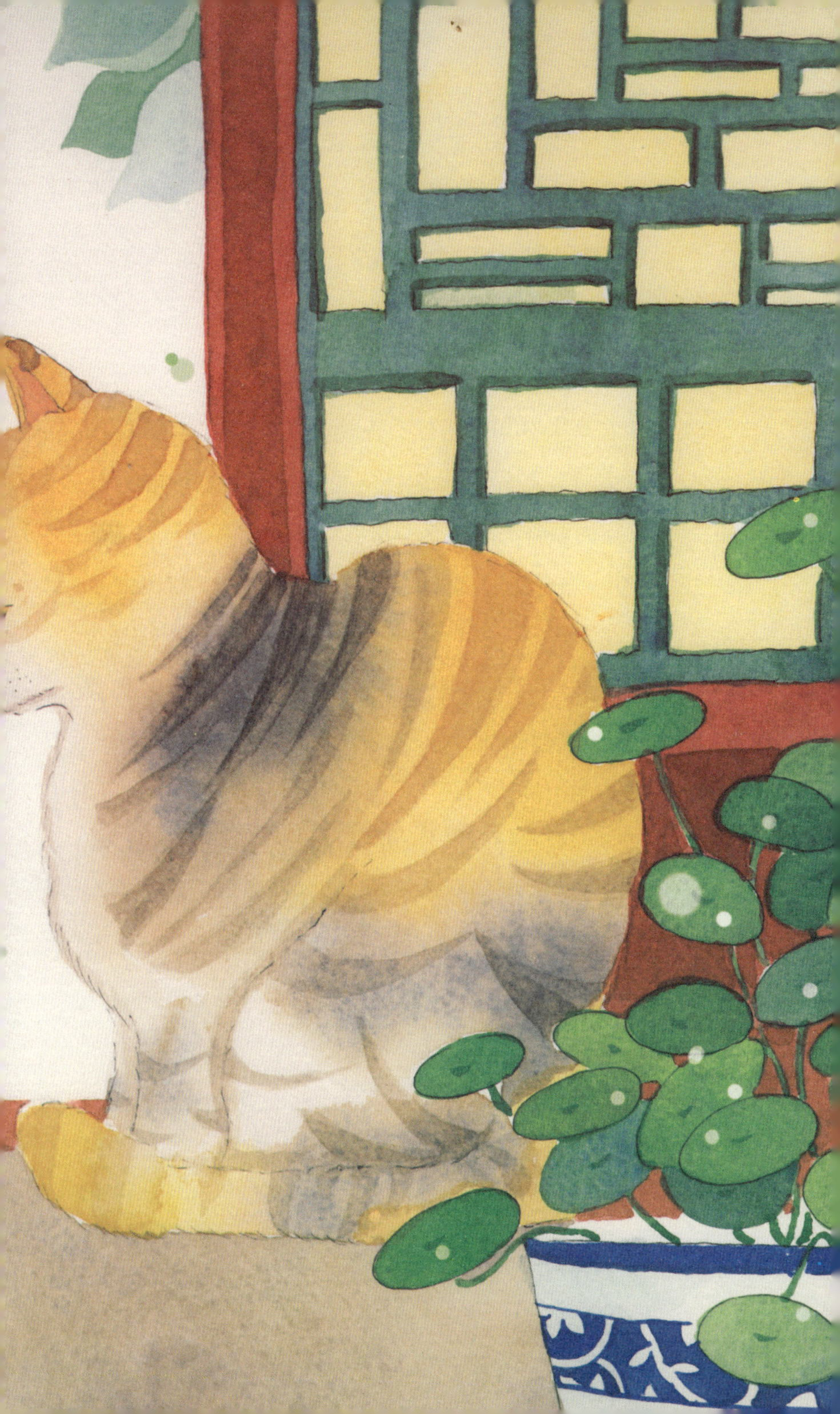

北京内联升鞋业有哪些经营之道

老北京人有句口头禅：头顶马聚源，脚踩内联升，身穿八大祥，腰缠四大恒。这里说的"脚踩内联升"，是说脚穿内联升的鞋子是身份的象征。北京曾有句老话"爷不爷，先看鞋"，有双好鞋脸上才有光彩，那么北京的好鞋在哪里呢？当然是内联升了。

内联升的鞋不只是一件衣饰那么简单，已经是奢侈品了。这与其创业初期的客户定位不能说没有关系。内联升始建于清咸丰三年（1853年），创始人赵廷，天津武清人。他在一家鞋作坊里学得了手工制鞋的技术，并积累了一定的管理经验，在一位大将军的入股下，在东江米巷（今东交民巷）开办鞋店，起名内联升。当时，专门为官员们做鞋子的店铺非常少，赵廷便把客户群定位在了皇亲国戚、朝廷文武百官，为他们制作朝靴，可以说内联升走在了奢侈品行业的前沿。而且其名字也有很好的寓意，"内"指大内即宫廷，"联升"寓意顾客穿上内联升制作的朝靴，可以在朝廷官运亨通，连升三级。

内联升不仅定位精准，其制作也非常精细，内联升制作的朝靴鞋底厚达32层，每平方寸用麻绳纳八十余针，针码分布均匀美观。还有其服务比较细致，凡是来过店内买鞋的文武官员，内联升都把这些官员靴鞋尺码、式样等逐一记载在档，如果顾客再次买鞋，只要派人告知，便可根据档案按照要求很快做好送去，这些都记载在《履中备载》中。还有其用料比较讲究，所以内联升的朝靴深受这些文武百官的喜爱。

内联升制作的朝靴以其独特的经营理念，加上店名的吉祥寓意，声誉日渐显赫，其生意也是蒸蒸日上，在东江米巷一待就是47年。然而，1900年八国联军入侵，东江米巷被焚，内联升在这次战火中也被毁掉。赵廷为了恢复内联升，四处筹钱，后又在奶子府重新开业。但是不到两年，袁世凯在北京发生兵变，内联升在兵乱中被洗劫一空，赵廷遭到了沉重的打击，不久便去世，其子赵云书继承家业，把内联升搬到了廊坊。此时的内联升身处困境，便把朝靴的制作技艺延伸到普通布鞋中，从专为达官贵人服务变为面向社会大众，但是仍然采用传统的技艺，保留有传统的特色。1956年公私合营时，内联升才又迁址到大栅栏街。

　　现在的内联升，已经是股份制公司，总店坐落在繁华的前门大栅栏商业街34号。是目前国内规模最大的手工制作布鞋的生产企业，销售形式零售兼批发。被中国商业联合会授予"中国布鞋第一家"称号，2007年被北京市政府列入重点保护《非物质文化遗产名录》。其千层底布鞋制作工艺继承了传统民间的工艺，精选纯棉、纯麻等天然材料，并在此基础上进行了大胆的创新，不仅工艺要求高，而且制作工序也多，纳底的花样多，绱鞋的绱法及样式多。其自产鞋的花色也是多种多样，适合各种人群，深受百姓的青睐。虽然服务于百姓，内联升仍然坚持"以诚相待、童叟无欺"的经营理念。

中陰隙

你了解京城老字号荣宝斋吗

荣宝斋是驰名中外的中华老字号，至今已有300多年历史，其前身为"松竹斋"，始建于清朝康熙十一年（1672年）。创办者是一位浙江籍的姓张的人，在北京做官，他用其在京做官的俸禄开办了一家小型南纸店，坐落在北京市和平门外琉璃厂西街。

创建之初，纸店主要经营纸张、笔、墨、砚台、墨盒等文房用具，喜庆寿屏，书画篆刻家的笔单。生意虽不是特别红火，但是收入还算稳定，比较可观，在琉璃厂小有名气。当时正值天下太平的时代，朝中的大臣也没有什么事，为了显示自己对国家之事的尽心，在审阅外省官吏的奏折时，多提出一些问题，比如有字不工楷正韵，款式不符，有涉当今圣上忌讳的等。外省为官的官员大都谨慎上奏，稍有疏忽，如被朝中审阅奏折的大臣发现，轻则降职，重则乌纱难保，便从松竹斋选上上品为奏折。松竹斋深知奏折关系其人前程，对于此事十分留心，对质量严格把关，凡售出者，绝无丝毫毛病，用主买去准可放心。用过松竹斋产品的官员告知其他官吏，因而各省疆吏皆知松竹斋货物可靠，都从此处购买纸张、笔墨等。因其承办官卷、官折而得名，声名大噪，生意更见发达。

后来，松竹斋的店主对经营之道不精，又不上进，生意日渐败落，尤其是鸦片战争以后，中国的社会经济状况也每况愈下，各行各业都不景气，原来顾客盈门的松竹斋也濒于破落，到了难以维持的境地。店掌柜为了将这个信誉卓著的老店维持下去，下决心改革创新，专门聘请了当时广交京师名士的庄虎臣为经理。并于清光绪二十年（1894年），将店名松竹斋改为荣宝斋，取"以文会友，荣名为宝"之意，请当时有名书法家陆润庠题写了荣宝斋的大字匾额，悬于门楣。这样，店铺才有了新的起色，生意蒸蒸日上。文人墨客们常聚此地，相互交流。

1896年，荣宝斋又进行了一次大胆的尝试，开创木版水印事业，设"荣宝斋帖套作"机构。我们都知道，木版水印是中国特有的一种古老的手工印刷技术，用这种方法复制出来的画可以达到"乱真"的地步。荣宝斋做的木版水印，已经达到了中国木版水印的最高水平，无论是复制的小幅作品，还是大幅作品，都得到学

者的美誉。其中最为著名的要数五代顾闳中的《韩熙载夜宴图》，此图制作历经八年之久，为后世公认的木版水印的巅峰之作。

荣宝斋作为三百年的文化老店，和中国传统文化艺术紧密地连在一起，以其精湛的装裱、装帧和古旧

破损字画修复技术为世人称道。从1954年复制第一批古画起，至今已经有近百件古代书画瑰宝陆续复制问世，可称得上是"前无古人"的辉煌业绩。2006年，荣宝斋的木版水印技术，进入第一批国家级非物质文化遗产。

清末京城帽业之首是哪一家

马聚源坐落在北京前门外大栅栏商业街上,是一家久负盛名的中华老字号,始建于清朝嘉庆二十二年(1817年),迄今已有200多年的历史,创始人马聚源。

马聚源是直隶马桥人,清嘉庆十二年来到北京,初在崇外花市附近一家小成衣铺当学徒,后由于这家成衣店铺经营不善,一年之后便倒闭了。他便到了一家帽子作坊当学徒,渐渐地学会了制作各种帽子的手艺。学徒生涯刚一结束,马聚源就购来原料自己加工帽子,在前门大街鲜鱼口摆了个小帽子摊。马聚源一边自制帽子,串打磨厂、花市一带的客店,一边给其他帽店做加工。由于马聚源做的帽子用料讲究,质量好,而且价钱公道,日子久了,马聚源的帽摊出了名,得到了好多顾客的认可。后来,马聚源用多年的积蓄,在鲜鱼口中间路南买下了一间小铺面,用自己的名字,取店名为"马聚源帽店"。

马聚源帽店铺面不大,但是每天的顾客络绎不绝。

有一天，帽店里来了一位当朝的张姓大官，他买了一顶帽子，发现帽子做工精细，样式讲究，用料实在。于是，这个张姓大官便介绍马聚源帽店为清政府做缨帽。从此，马聚源从一个普通的小帽店，成为为清政府做缨帽、专为贵族官僚服务的"官帽店"。

清道光二十二年，马聚源出资又在鲜鱼口开办了天成斋鞋店。由于日夜操劳，掌柜马聚源的身体也是每况愈下，清咸丰八年，他因病重不治而亡。马聚源去世之后，由于其家人无人经商，由张姓大官出面，把整个店铺交给了一个叫李建全的人经营，依然沿用马聚源字号。李建全凭借着与张姓大官的关系，交往了一大批政要官员，使得马聚源帽店里各色人等出入，顾客也增多了，马聚源帽店进入了全盛时期，成了闻名京城的帽业之首。

清政府被推翻后，马聚源店不再生产红缨帽子了，改为当时政要富绅戴的瓜皮帽。

1949年，新中国成立，马聚源店走上了服务于人民大众的新路，从根本上改变了服务的方向。1958年，马聚源帽店由鲜鱼口迁至今址。现在当我们有空去逛大栅栏时，还可以看到那块写着马聚源的匾额。

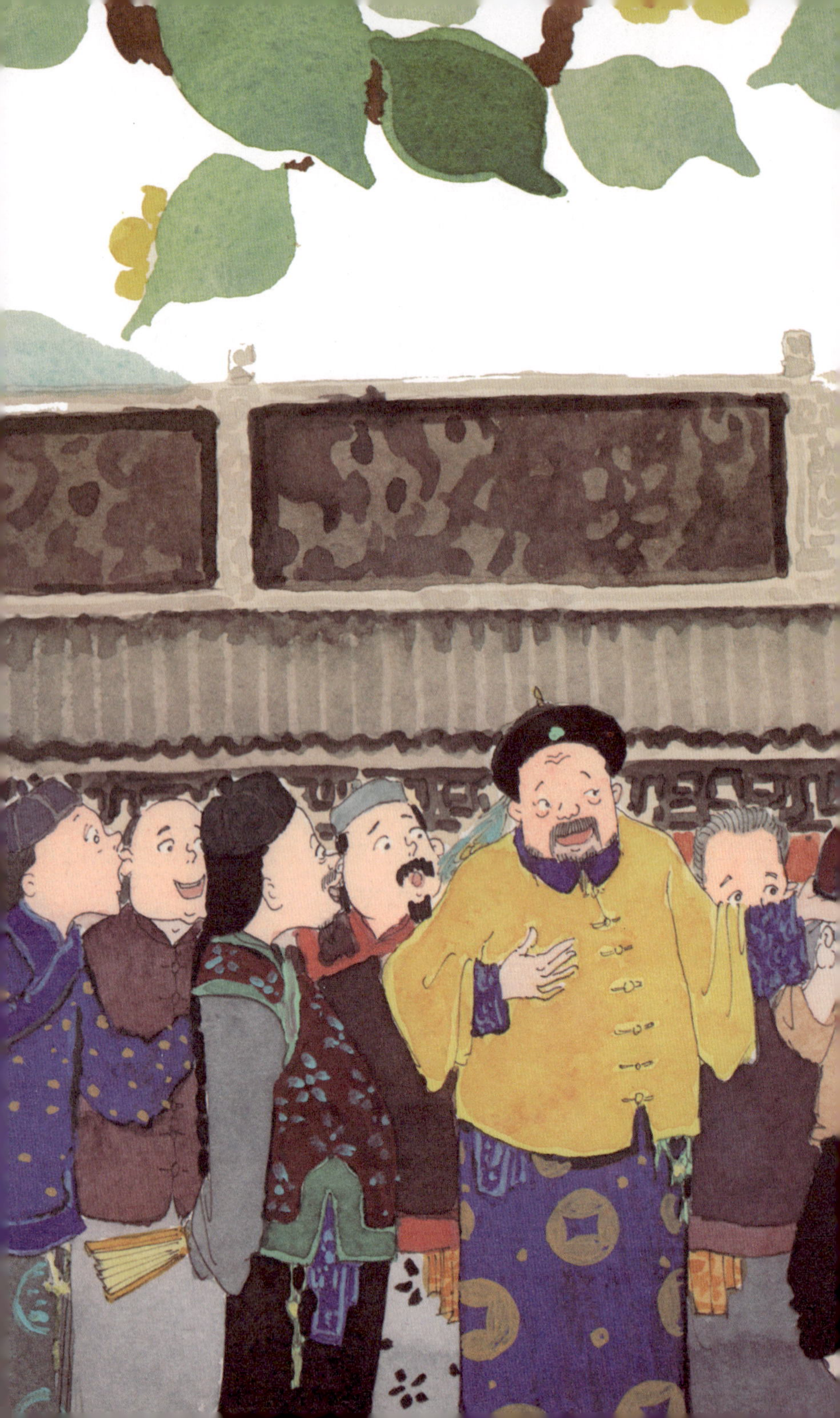

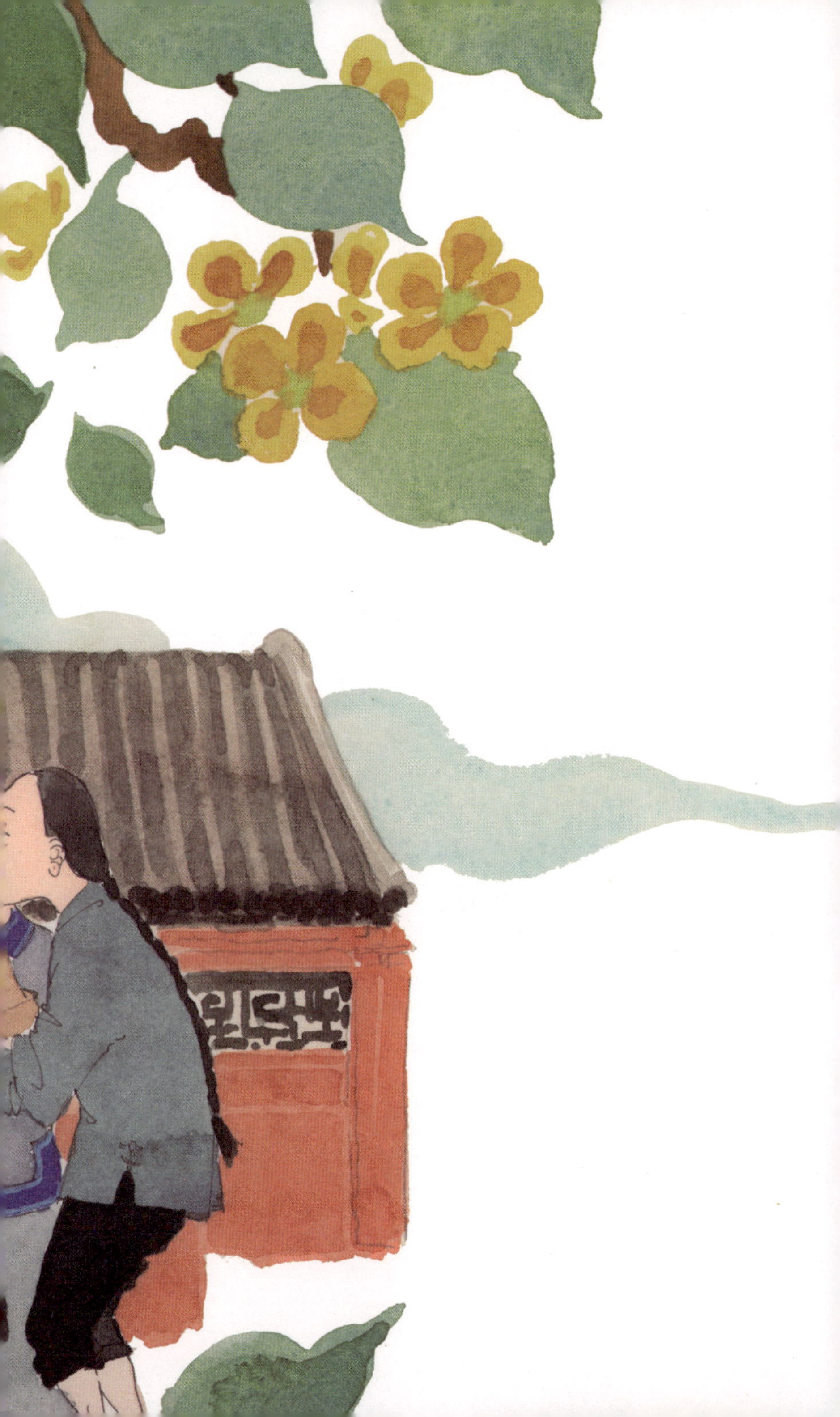

瑞蚨祥绸布店为何能够提供新中国的第一面国旗的面料

瑞蚨祥绸布店是享誉海内外的中华老字号，为旧京城"八大祥"之首，创始人叫孟鸿升，济南府章丘县旧军镇人，是孟子的后裔。成立初期，以经营土布为主，后规模逐渐扩大，在上海、天津等地设立好多分店，不仅如此，其经营的品种也向多元化方向发展，增加了绫罗绸缎、皮货等高档商品。

清道光元年，瑞蚨祥在周村大街挂牌。为什么取号"瑞蚨祥"呢？相传这是店铺的掌门人经过仔细推敲，引用了"青蚨还钱"这一典故。

这一典故大概是这样，说南方有一种叫作青蚨的昆虫，捉来以后，用昆虫的母血涂遍81枚钱币，再取子虫的血液涂满另外的81枚钱币。涂完之后，你就把涂了母血的81枚钱币拿去买东西，而将涂了子血的钱币放在家中。不久之后，你会惊奇地发现，你花掉的钱，会很神秘地一个一个地飞回来，反之，结果相同。当年老板取店名瑞蚨祥就是借"祥瑞"的吉祥之寓意，希望瑞蚨祥能够财源滚滚。

瑞蚨祥进入北京，是从它的第二代传人孟洛川开始的。1876年，瑞蚨祥掌门人孟洛川把目光投向了京城最繁华的商业区——大栅栏。在清光绪初年，由孟觐侯在前门外鲜鱼口内抄手胡同租房设庄，批发大捻布。清光绪十九年（1893年）以后，洋布大量涌入中国，孟觐侯向孟洛川建议，开设布店，孟洛川出资八万两银，在大栅栏买到铺面房，成立北京瑞蚨祥绸布店。开业后生意异常红火，发展极快，在京城绸布业中几乎居于垄断地位，一时名声大作。

1900年，瑞蚨祥毁于八国联军的洗劫，店内的货物和账目都化为灰烬，这是对瑞蚨祥致命的打击，然而在困难面前瑞蚨祥没有被击垮，不久重建开业。但是，当时正值连年战火、兵荒马乱，瑞蚨祥生意每况愈下，几乎到了破产的境地。

1949年，历经沧桑的瑞蚨祥和大栅栏的许多老字号一样，迎来了民主的曙光。开国大典徐徐升起的第一面五星红旗，就是用瑞蚨祥提供的红绸制作的。从此，瑞蚨祥才从困境中解脱出来，获得了新生。